BÜZZ

Publisher ANDERSON CAVALCANTE
Editora TAMIRES VON ATZINGEN
Assistente editorial JOÃO LUCAS Z. KOSCE
Preparação LEANDRO RODRIGUES
Revisão CRISTIANE MARUYAMA, LIGIA ALVES
Projeto gráfico ESTÚDIO GRIFO
Fotografia de capa JULIANA LUBINI

Nesta edição, respeitou-se o novo Acordo Ortográfico da Língua Portuguesa.

Dados Internacionais de Catalogação na Publicação (CIP)
de acordo com ISBD

Q7t
Quintão, Aldo
Tudo posso naquele que me fortalece / Aldo Quintão.
São Paulo: Buzz Editora, 2021.
160 p.

ISBN 978-65-89623-96-0

1. Autoajuda. 2. Milagres. 3. Deus. I. Título.

2021-4362 CDD 158.1
CDU 159.947

Elaborado por Odilio Hilario Moreira Junior CRB-8/9949

Índice para catálogo sistemático:
1. Autoajuda 158.1
2. Autoajuda 159.947

Buzz Editora Ltda.
Av. Paulista, 726 – mezanino
CEP 01310-100 – São Paulo/SP
[55 11] 4171 2317 | 4171 2318
contato@buzzeditora.com.br
www.buzzeditora.com.br

REV. ALDO QUINTÃO

Tudo posso naquele que me fortalece

INTRODUÇÃO

Milagres são acontecimentos considerados impossíveis pelo homem, mas que são perfeitamente possíveis aos olhos de Deus. E posso dizer que vi muitos deles ao longo da minha trajetória na Catedral Anglicana.

Em situações para as quais as pessoas já não acreditavam que houvesse solução, eu vi o toque de Deus.

Foi por meio da fé que tais pessoas se ajoelharam diante d'Ele e suportaram períodos de dor, provação, sofrimento intenso, e que, depois de perceber que não eram capazes de carregar seus fardos sozinhas, pediram a Ele que as ajudasse.

A fé move montanhas. Temos que aprender que, diante das dificuldades, é melhor não agir com desespero. Diante de situações que nos provocam e tumultuam nossa vida, é a partir da esperança que podemos despertar nossa força.

Sei, claro, que muitas vezes é difícil entregar uma situação a Deus. Ficamos presos, amarrados, tentando controlar todas as variáveis, e o sofrimento fica ainda pior, quase insuportável. É quando nos vemos pequenos diante Dele e só nos resta entregar. Oramos, pedindo força, e percebemos o quanto somos frágeis, o quanto somos humanos, e como precisamos de uma intervenção divina que nos acolha. Como necessitamos do poder de Deus em nossa vida.

E Ele não desampara Seus filhos. Não abandona nenhum dos que pedem Sua misericórdia. Deus não nos abandona jamais.

Hoje vemos muitas pessoas sem esperança, sem fé, e foi por isso que reuni neste livro as histórias de alguns fiéis que frequentam a Igreja Anglicana. Esses fiéis são a prova de que ninguém neste mundo está desamparado. De que tudo é possível e de que Ele nos acolhe o tempo todo.

Que você encontre nestes relatos o amparo necessário para a sua vida: que sejam um alimento para a sua fé, aquecendo sua alma e trazendo luz para a escuridão que parece nublar seus pensamentos nos momentos em que a vida parece difícil demais.

Que Deus possa tocar a sua vida, assim como tocou a dessas pessoas.

Ajoelhe-se diante Dele.

O Senhor Jesus nos ensinou: quando estiver numa situação muito difícil e precisar muito de Deus, quando não souber que atitude tomar ou que caminho seguir, peça iluminação ao Espírito Santo de Deus. Ele vai guiá-lo, guardá-lo, vai iluminar seus caminhos.

Se estiver em dificuldades, peça a Deus, e que o Espírito Santo esteja com sua família – iluminando-a, guardando-a, fazendo com que encontre a mudança, que seja tocada por Ele.

O Espírito Santo orienta cada um de nós.

Só precisamos fazer o que Jesus nos ensinou: pedir com fé e confiança, para que Ele possa olhar por nós.

Na Igreja, não se faz nada aleatoriamente. Sabemos da importância do que fazemos. Todos os meus discursos estão embasados nas palavras de Cristo e na minha vivência com os fiéis.

Tanto aqui quanto na Igreja, tento mesclar músicas de alegria, fazer piadas, fazer as pessoas entenderem que a fé não precisa ser sisuda. A oração não precisa ser sisuda. Pode ser leve! Apesar das dificuldades, podemos viver a vida com leveza, com alegria.

Sou humano. Nem sempre eu acerto. Somos todos humanos, não conseguimos ser perfeitos – orar a Deus é o caminho para nos fortalecer. Lembremos: "Tudo posso naquele que me fortalece".

Confesso que os depoimentos aqui reunidos me emocionam e renovam minha fé e minha esperança na vida. Para compartilhar esse sentimento com você desde agora, ofereço a letra de uma canção que tanto nos toca, a versão em português da canção "He Touched Me", de Bill Gaither. Que ela lhe traga bênçãos e o amor de nosso Pai.

Ele me tocou

Acorrentado a um pesado fardo
Sob uma carga de culpa e vergonha
Então a mão de Jesus me tocou
E agora eu não sou mais o mesmo.

Porque Ele me tocou, Ele me tocou
E a alegria que invade minha alma
Alguma coisa aconteceu e agora eu sei
Ele me tocou e me fez completo

Oh, desde que eu encontrei este abençoado Salvador
Desde que Ele me purificou e me fez completo
Oh eu nunca cessarei de louvá-lo,
Eu proclamarei isto por toda a eternidade.

Oh, Ele, me tocou, oh, Ele me tocou
E a alegria que invade minha alma
Alguma coisa aconteceu e agora eu sei
Ele me tocou e me fez completo

Jesus olhou para eles e respondeu: "Para o homem é impossível, mas para Deus todas as coisas são possíveis".
Mateus 19:26

Ao refletir sobre essa passagem bíblica, vem a nós a seguinte pergunta: como eu olho para as pessoas?

Na época de Jesus, uma pessoa que fosse considerada impura, pecadora, estrangeira, ou que possuísse qualquer atributo que não estivesse de acordo com as leis de Moisés, não poderia ser olhada pelo judeu devoto. Esse comportamento significava o afastamento do convívio social. Indicava um lugar bem demarcado para cada indivíduo, fosse diante daquela sociedade ou diante de Deus.

No Evangelho segundo Mateus, é possível encontrar vários textos em que Jesus propõe um novo olhar sobre as leis e as tradições judaicas. Esses ensinamentos foram organizados por uma comunidade de origem exclusivamente judaico-cristã, ou seja, por pessoas que acreditavam nos ensinamentos de Jesus e, ao mesmo tempo, conservavam as práticas religiosas do judaísmo.

Depois de algum tempo, ficou claro para eles que Jesus colocava o amor a Deus e ao próximo acima de qualquer coisa. Jesus não desejava abolir a tradição mosaica; desejava levá-la à plenitude, propondo uma nova interpretação e aplicação para ela.

A mensagem de Jesus a seus discípulos é a de que todos são iguais aos olhos de Deus. Ao *fitar o olhar* sobre cada pessoa, Jesus as coloca a todas em um mesmo *status*. Não é possível pensar em um Deus que ame mais uma pessoa que outra.

É verdade que cada ser humano tem seu tempo e seu ritmo. Mesmo assim, ninguém pode dizer a Deus quem é puro, santo ou pecador. De acordo com alguns comentadores bíblicos, quando lemos nos evangelhos que Jesus "fita o olhar" em alguém, aquele que foi olhado não permanece mais o mesmo.

O olhar de Jesus chega ao íntimo da pessoa, que, por sua vez, sente-se acolhida, curada, valorizada, liberta e amada. Ao pensar em nossas vidas e em nossas relações cotidianas, podemos concluir que nem sempre é fácil olhar "de verdade" para as pessoas.

Diante das exigências e competições da vida, somos cobrados a encontrar um lugar na sociedade e a defendê-lo a todo custo. Assim, o outro torna-se um concorrente, um inimigo a quem devemos anular. Porém, ao sermos tocados pelo olhar de Jesus, desejamos ter palavras e atitudes que transformem positivamente não apenas a nossa vida, mas também a das pessoas ao nosso redor.

A citação ainda diz: "para Deus, todas as coisas são possíveis". Que frase extraordinária! É muito bom ler palavras de incentivo como essas. Pergunte-se: qual situação da minha vida parece ser impossível? De acordo com o dicionário, a palavra "impossível" significa "que não pode existir; que não pode realizar-se". Porém, nos textos bíblicos, por muitas vezes o Senhor se apresentou como um Deus do impossível. Ele não funciona de acordo com nossas categorias racionais.

Deus será sempre muito maior que tudo o que falamos ou pensamos sobre Ele. Podemos ousar e confiar nas palavras de Jesus. Aprenda a olhar o outro como Jesus ensina nesta passagem bíblica, e acolha a graça de Deus em sua vida!

O Senhor é meu pastor e nada me faltará.
Deita-me em verdes pastos e guia-me mansamente em águas tranquilas.
Refrigera a minha alma, guia-me pelas veredas da justiça, por amor do seu nome.
Ainda que eu ande pelo vale da sombra da morte, não temerei mal algum, porque Tu estás comigo, a Tua vara e o Teu cajado me consolam.
Prepara-me uma mesa perante meus inimigos, unges a minha cabeça com óleo, o meu cálice transborda.
Certamente que a bondade e a misericórdia me seguirão todos os dias da minha vida e habitarei na casa do Senhor por longos dias.
Salmo 23

* * *

A vida é feita de constantes mudanças.
É verdade que algumas são dolorosas e às vezes difíceis de concretizar, mas ainda assim valem a pena, porque quase sempre nos levam a um aperfeiçoamento pessoal. Abra os braços para tudo que vá mudar seus hábitos e prioridades, se de alguma forma isso for beneficiar seu coração. Acredite: inicialmente é preciso sacrifício, mas, no final, você será recompensado.

***

Jamais desista dos seus sonhos, pois tudo posso naquele que me fortalece e quem fica parado é poste.

Todos que me acompanham e frequentam a Igreja Anglicana conhecem essas palavras. Costumo encorajar as pessoas a não se vitimizar diante da vida e enfrentar com fé e coragem aquilo que se apresenta.

Ao longo da minha trajetória pela Igreja Anglicana, vejo pessoas se transformando dia após dia. Algumas passam pela "noite escura da alma" durante a transformação. Elas não conseguem enxergar saída diante da escuridão e ficam paralisadas.

Contudo, nem sempre essa é a melhor solução. Quando surgem situações desafiadoras, muitos de nós nos escondemos no vale profundo de lágrimas e não conseguimos agir. Não conseguimos fazer nada. Só que é justamente nesses momentos que precisamos abrir o coração e ouvir Deus falando conosco. É verdade que nem sempre a vida se apresenta da maneira como gostaríamos, mas, diante disso, como podemos dançar conforme a música e nos reinventar constantemente, trazendo o melhor de nós diante das situações que se apresentam?

Muitos fiéis frequentam a Igreja em busca de milagres, e eu sempre digo: o milagre está dentro de cada um de nós. E precisamos apenas fortalecer nossa fé e nossa confiança para que ele aconteça, para que ele floresça em nossas vidas.

Não existem transformações sem que algumas peças se quebrem. E é natural que queiramos a mudança sem dor. Agora, imagine-se como pai e mãe: você quer evitar a todo custo a dor de seus filhos e não quer vê-los sofrendo, mas sabe que muitas vezes o aprendizado vem através de uma frustração ou de uma dor. E ele precisa passar por aquilo.

Como pais e mães, estamos sempre ao lado de nossos filhos, dando forças para que eles saibam encarar os momentos difíceis, mas não podemos passar por tais momentos por eles.

Assim é também com o nosso Pai. Ele nos dá suporte quando precisamos, fortalece nossa fé, segura nossa mão e nos conduz com seu sopro para onde devemos ir. Inseguros, não o buscamos, mas precisamos a cada dia ter consciência de que Ele está ao nosso lado, ouvindo nosso clamor e entendendo aquilo que precisamos naquele momento.

Tudo neste mundo tem o seu tempo;
cada coisa tem a sua ocasião.
Há tempo de nascer e tempo de morrer;
tempo de plantar e tempo de arrancar;
tempo de matar e tempo de curar;
tempo de derrubar e tempo de construir.
Há tempo de ficar triste e tempo de se alegrar;
tempo de chorar e tempo de dançar;
tempo de espalhar pedras e tempo de ajuntá-las;
tempo de abraçar e tempo de afastar.
Há tempo de procurar e tempo de perder;
tempo de economizar e tempo de desperdiçar;
tempo de rasgar e tempo de remendar;
tempo de ficar calado e tempo de falar.
Há tempo de amar e tempo de odiar;
tempo de guerra e tempo de paz.
Eclesiastes 3:1-17

O tempo de Deus é sábio

DANIELA COSSA

Minha relação com a fé é muito íntima, mas com períodos espaçados de frequência à igreja. Comecei a frequentar a Anglicana, que foi onde me achei, em agosto de 2011, mas já fazia alguns anos estava procurando um lugar que pudesse frequentar, por causa de um grupo de estudos de oração que eu tinha com amigas – o MAC, "Mulheres Amigas em Cristo".

Visitei algumas igrejas evangélicas antes disso e gostei bastante, mas ainda não era o que eu buscava. Então entrei na Anglicana, em agosto de 2011.

Nunca esquecerei a data: foi o casamento de uma amiga, e eu fui tão tocada pelas palavras do Reverendo Aldo que resolvi sair de casa e deixar meu ex-parceiro no dia seguinte.

Na época, eu tentava terminar aquela relação e não conseguia, mas, depois de tudo o que vivi naquela noite, fui tocada. Era como se as coisas ficassem mais claras e eu pudesse entender quais passos dar para criar uma vida, sem sofrer tanto no percurso.

Conforme as semanas se passaram, consegui também levar meus pais à Igreja. Em seguida, minha irmã.

No dia do casamento, eu tinha sentido uma aproximação maior com Deus. Era uma amostra do que viria. Ao longo do tempo, tive outras.

Uma das mais importantes foi quando eu estava tentando engravidar. Já estava num novo relacionamento fazia mais de um ano e, enquanto ouvia uma missa num domingo, sentada nos bancos lá de cima, ouvi e senti durante minha oração estas palavras:

"Você está grávida".

Por mais incrível que possa parecer, uma semana depois a gravidez foi confirmada por um exame de sangue. Depois disso, na maternidade, ainda muito sensível com o nascimento do Pedro e preocupada por ele ter nascido pequeno, vi mais um sinal de Deus.

A coincidência era muito grande. Meu pai estava no nosso quarto e entrou sorridente: "Você acredita que o Reverendo Aldo veio visitar um paciente? Eu acabei de encontrá-lo no corredor".

Naquele dia, emocionada, desabei de tanto chorar. Era um verdadeiro sinal de que tudo estava bem e de que Deus estava cuidando de tudo. Depois disso, entreguei a situação nas mãos Dele e passei a confiar mais nas circunstâncias, pois sabia que Ele estava zelando por mim.

* * *

Quando entrei na Anglicana, eu não tinha um medo específico, mas sentia que precisava encontrar um lugar com o qual pudesse me identificar.

Durante anos, levei questões do trabalho a minhas orações e pedia o esclarecimento de Deus. Ele sempre me guiou. Em todas as questões que levei a Ele, sempre entendi como podia confiar e Lhe entregar tudo. E que o tempo Dele é diferente do nosso.

Cristo é um mestre de amor e vive em nós. Sempre pedi para ser mais parecida com Ele, para que Ele me mostrasse como fazer tudo aquilo de que eu precisava.

Hoje sinto que, diante das tribulações, Ele foi acalmando meu coração e iluminando minhas trevas com Sua luz, preenchendo todas as lacunas.

Sinto que as pessoas são muito presas a tradicionalismos e ao passado. E muitas vezes sofrem em silêncio, sem buscar ajuda espiritual nesses ambientes cheios de amor, que podem fortalecer a fé.

O que eu digo para quem está passando por um momento difícil é: tente preencher seu lado espiritual, tanto na alegria quanto no sofrimento. Tente preencher seu lado espiritual com o que faz sentido para seu coração.

Momento de meditação

Neste testemunho, vemos que a nossa vida é um "dom" de Deus. Ele pensou com carinho para criar cada pessoa. Na tradição judaica, percebe-se o grande valor dado às Escrituras Sagradas, que, entre outras coisas, contam sobre a criação do homem e da mulher.

Por exemplo, a Torá (תּוֹרָה), que compreende a primeira parte da Bíblia hebraica, é considerada a expressão máxima do amor Deus pela humanidade. Ela é o sinal concreto e operativo desse "grande amor" com o qual Deus acompanhou Israel desde o início. A Torá (תּוֹרָה) está a serviço da vida e revela o amor de Deus invocado perpetuamente como: "Pai nosso", "Pai piedoso", "Clementíssimo", cheio de "grande e copiosa indulgência", de "Misericórdia", de "Piedade".

Essa insistência no amor de Deus esclarece também um outro aspecto: o da gratuidade desse amor, de acordo com o texto de Deuteronômio 7:7-8.

Se o Senhor se afeiçoou a vós e vos escolheu, não é por serdes o mais numeroso de todos os povos, pelo contrário, sois o menor dentre os povos! E sim por amor a vós, e para manter a promessa que ele tinha jurado aos vossos pais, por isso o Senhor vos fez sair com mão forte e vos resgatou da casa da escravidão, da mão do faraó, rei do Egito.

Para o cristão, o dom mais precioso regalado por Deus à humanidade é Jesus Cristo. Ele manifesta plenamente o amor, a clemência, a misericórdia e a piedade de Deus. No ambiente do Novo Testamento, Jesus com toda certeza entendia a Lei no seu sentido hebraico, ou, seja, a Torá, como dom e ensinamento de Deus.

Percebemos isso de modo especial no Evangelho de Mateus (5,17). Podemos dizer, sim, que Jesus questionou os grupos de sua época, em virtude dos equívocos e exageros em relação à Torá. Há muita gente por aí que apresenta cartilhas dizendo o que devemos ou não fazer com nossas vidas. Jesus nos diria: escrevei "o livro da sua vida" com o mesmo amor e clemência com o qual vos ensinei!

Em nosso cotidiano, somos convidados a ser também um dom na vida das pessoas que se aproximam de nós. Aprendemos que Jesus manifesta a mais bela expressão de gratuidade de Deus para com a humanidade. Em face das muitas situações de competição e desrespeito que vivenciamos todos os dias, fico admirado ao encontrar pessoas que desenvolvem em suas vidas atitudes de gratidão e solidariedade para com o próximo. Chego à conclusão de que elas se sentem tão amadas por Deus que desejam ser recíprocas, expressando esse amor para todos ao redor.

Amar a Deus sobre todas as coisas é a mais bela expressão do nosso reconhecimento diante das bênçãos e graças que recebemos. Oremos: Senhor, ajudai-nos a ser mais gratuitos e generosos para com todos. Amém.

Mas, ainda que o nosso homem exterior se corrompa, o interior, contudo, se renova de dia em dia.

Paulo, 2º Coríntios, 4:16

A felicidade

Lê-se no evangelho de Mateus, capítulo 5, versículos de 1 a 12, o texto das bem-aventuranças. O início do capítulo diz assim: "Jesus viu as multidões, subiu à montanha, sentou-se e começou a ensiná-los".

A expressão "bem-aventurados" aparece nove vezes nessa passagem. Normalmente, os tradutores bíblicos a traduzem por "felizes". Por exemplo, "felizes os que têm fome e sede de justiça, porque serão saciados", ou ainda "felizes os que são misericordiosos, porque encontrarão misericórdia".

Encontra-se também no Antigo Testamento o emprego de fórmulas de felicitações como essas, falando de piedade, de sabedoria e de prosperidade (Sl 1:1-2; Pr. 3:3; Ecl 31:8 etc.). De acordo com a interpretação bíblica, ser bem-aventurado significa estar em um "estado interior" constante de relação com Deus.

O humor pode mudar, as adversidades podem aparecer; no entanto, continuaremos equilibrados e confiantes. Esse "estado interior" é fruto da intimidade que a pessoa desenvolve com o Senhor. Não basta dizer: "sou cristão", porque há bilhões de pessoas em todo o mundo que assim se declaram. O que realmente faz diferença são as atitudes autenticamente cristãs. Elas, sim, transformam o mundo.

Jesus sempre ensinou por exemplos. Sua coerência e seu comportamento ético fizeram dele um grande líder, levando as pessoas da época a chamá-lo de "raboni", que quer dizer mestre, professor. As pessoas falam sobre o amor de Deus, mas nem sempre conseguem pô-lo em prática em seu dia a dia.

Transformar esse sentimento tão sublime em ação é um desafio para todas as pessoas.

Cabem e a nós a dedicação e o desejo constante de criar um mundo novo para toda a humanidade. Subir ou não a montanha para escutar a palavra de Jesus é uma decisão pessoal. Contudo, sempre que chegarmos lá, ouviremos Dele: "você é uma pessoa bem-aventurada porque está buscando Deus e transformando as situações difíceis em um caminho que conduz para novos horizontes".

Participar de uma comunidade de fé é uma forma de expressar o desejo de crescer espiritualmente na intimidade com Deus. Não vamos à igreja porque somos santos e perfeitos; ao contrário, reconhecemos que queremos aprender com Jesus a ser uma pessoa mais evoluída. Nem sempre é fácil subir a montanha. Há momentos de desânimo e cansaço, que causam revolta e até mesmo depressão. Ter fé significa ousar, arriscar. O Senhor Deus concede a todos os dons e as forças necessários, mas cada pessoa precisa fazer a sua parte. Dessa maneira, movidos pela fé, tenhamos a coragem levar adiante nossos sonhos e projetos, vivendo hoje o amor em nossa família, em nosso trabalho e nos diferentes ambientes sociais.

A felicidade é o bem mais precioso da vida! Ela permite que seus sonhos sejam temperados com alegria e esperança. Ela dá a seus dias a força para superar qualquer obstáculo. Expulsa seus medos e abraça toda a positividade do mundo para você!

Acontece que ela não é espontânea, e é por isso que muitos ainda não a encontraram. Ela depende de mudança interior, ela surge se você sair de sua zona de conforto, ela sempre vem quando você corre atrás dela. A felicidade está junto de você. Está em suas mãos. Você tem apenas de trilhar a estrada da alegria, da paz e do amor, e a felicidade será sua também.

Quando as coisas vão mal em nossa vida é porque precisamos parar, refletir e provavelmente mudar de rumo. Só porque algo foi bom no passado, não significa que no presente seja o melhor para nós.

É preciso procurar constantemente algo que nos preencha a alma e dê mais vida ao nosso coração. A felicidade está em não nos acomodarmos e em renovarmos as forças na luta por novos objetivos. Pois, quando a vida se complica a ponto de parecer não ter forma de descomplicar, só há uma solução: você se tornar mais forte!

Às vezes, aquilo que por fora parece uma montanha impossível de escalar se torna algo simples quando ganhamos forças e algo muda dentro de nós. Isso se chama superação: essa vontade de seguir em frente, mesmo perante as maiores tribulações. É uma transformação interior que tudo muda e simplifica. E, não raro, as dificuldades da vida surgem precisamente para nos fazer crescer nesse sentido.

Não se desespere com as lágrimas hoje: amanhã você será uma pessoa mais forte e terá chegado aonde até ontem nem imaginava possível. Jamais desista de seus sonhos – *tudo posso naquele que me fortalece e quem fica parado é poste*.

SE

Se és capaz de manter tua calma, quando
todo mundo ao redor já a perdeu e tem culpa.
De crer em ti quando estão todos duvidando,
e para esses, no entanto achar uma desculpa.

Se és capaz de esperar sem te desesperares,
ou, enganado, não mentir ao mentiroso,
Ou, sendo odiado, sempre ao ódio te esquivares,
e não parecer bom demais, nem pretensioso.

Se és capaz de pensar – sem que a isso só te atires,
de sonhar – sem fazer dos sonhos teus senhores.

Se, encontrando a Desgraça e o Triunfo, conseguires,
tratar da mesma forma esses dois impostores.

Se és capaz de sofrer a dor de ver mudadas,
em armadilhas as verdades que disseste
E as coisas por que deste a vida estraçalhadas,
e refazê-las com o bem pouco que te reste.

Se és capaz de arriscar numa única parada,
tudo quanto ganhaste em toda a tua vida.
E perder e, ao perder, sem nunca dizer nada,
resignado, tornar ao ponto de partida.

De forçar coração, nervos, músculos, tudo,
a dar seja o que for que neles ainda existe.
E a persistir assim quando, exausto, contudo,
resta à vontade em ti, que ainda te ordena: Persiste!

Se és capaz de, entre a plebe, não te corromperes,
e, entre Reis, não perder a naturalidade.
E de amigos, quer bons, quer maus, te defenderes,
se a todos podes ser de alguma utilidade.

Se és capaz de dar, segundo por segundo,
ao minuto fatal todo valor e brilho.
Tua é a Terra com tudo o que existe no mundo,
e – o que ainda é muito mais – és um Homem, meu filho!
Rudyard Kipling

Orai e vigiai

MARCOS DUARTE

Tenho 54 anos, trabalho como gerente regional de vendas em uma multinacional norte-americana, sou pós-graduado em gerenciamento de marketing e finanças, graduado em administração e técnico em eletricidade. Sou fluente em inglês, falo bem o idioma espanhol e me viro razoavelmente em francês.

Apesar disso, o que me ajudou a refazer minha vida não foram esses conhecimentos.

A primeira vez que estive na Catedral Anglicana foi por ocasião do casamento de um colega de trabalho, em novembro de 2007, e fiquei maravilhado com a beleza do lugar e com o extremo carisma do Reverendo Aldo.

Posteriormente, comecei a frequentar a Catedral por ocasião dos eventos que uma frequentadora, Christiane Lunardi Guedes, proprietária da escola Arte & Manha, realizava ali.

Em novembro de 2013, porém, fui surpreendido com uma demissão. Em crise, a empresa cancelou contratos e demitiu grande parte do time. Antes em uma situação boa e estável, rapidamente passei a viver sob uma terrível crise financeira, familiar (minha mãe estava muito doente) e, concomitantemente, surgiram problemas conjugais, em parte decorrentes da pressão de estar desempregado. Além disso, tinha pesadas dívidas com um apartamento em construção e simplesmente não conseguia me recolocar no mercado: o fato de haver ocupado um alto cargo, que antes era uma bênção, transformou-se em uma grande dificuldade para obter um novo emprego.

Passei a buscar na minha fé em Deus uma luz em meio àquela escuridão que se acercou de mim tão repentinamente.

O ano de 2014 avançava e a situação se mantinha... foi quando passei a intensificar minha presença nas missas da Catedral.

Acabei por me tornar conhecido do Reverendo Aldo e tive o grande prazer de ter duas conversas a sós com ele, com hora marcada. Havia uma certeza tão grande nas palavras dele quando dizia que tudo não passava de uma tempestade que, ainda que nada tivesse mudado, eu já me sentia melhor. Eu frequentava a Catedral aos domingos e às quartas. Muitas vezes eu ia a pé, pois não tinha sequer dinheiro para a gasolina.

Foram muitos e pesados os desafios. Após dezenove meses sem emprego, aceitei um trabalho em Bauru. Passava a semana inteira longe da família: viajava no domingo de tarde e voltava na sexta, quase à meia-noite.

Aos domingos eu ia à igreja, pegava os folhetos e os lia todos os dias da semana. Era difícil, mas não esmoreci.

Creio que seria uma gigantesca ousadia de minha parte dizer que fui tocado por Deus. Mas posso afirmar que a cada missa, a cada música que eu ouvia – e depois cantarolava mentalmente enquanto inspecionava a fábrica pela qual eu era responsável –, Deus se fazia mais presente em minha vida. Todas as vezes que eu dobrava meus joelhos lá na Catedral, eu sentia a fé se fortalecendo em mim; aos poucos eu ganhava confiança, e passei a sentir que tudo se resolveria...

Uma passagem bíblica diz que Jesus bate na porta de todos nós, mas que Ele não abre a porta, espera que as pessoas a abram e o convidem a entrar... entendo que, nesse longo período de agruras, desafios e falta, o que eu fiz foi deixá-lo entrar em minha vida. E isso fez toda a diferença!

A partir da minha permissão, da minha vontade de tê-lo em cada uma das situações que vivo, fui capaz de atravessar aquele vale sombrio e de ter forças para resolver meus problemas. Conhece aquele dito popular, "quem te viu quem te vê"? Pois é, acabei recuperando tudo que havia perdido.

Ainda que até hoje haja dificuldades (minha mãe enfrenta um câncer, perdi meu pai em 2020, enfrentei um doloroso processo de separação...), eu passei a ver as coisas por outra ótica. Já não estou mais sozinho: quando estou exausto e não posso mais caminhar, de alguma forma sou carregado e nutrido por Deus.

Hoje sinto que a vida tem outro significado. Creio que nos tornamos verdadeiramente felizes quando entendemos que sim!, há um Deus em nossas vidas, e que, quanto mais o buscamos, maiores nos tornamos diante dos desafios.

É como afirma o Reverendo Aldo a cada missa: "Tudo posso naquele que me fortalece". Ele não poderia estar mais correto.

Em 19 de março de 2017, enviei a seguinte mensagem para o Reverendo, que foi lida naquele domingo:

Querido Reverendo Aldo,

As palavras de Cristo que são repetidas pelo senhor a cada Domingo aqui na Catedral ecoaram em minha vida e foram a força que me ajudou a superar estes últimos anos.

Desde novembro de 2013, o desemprego vinha assolando nossa família. Passamos dificuldades, assisti às coisas se deteriorando sem poder repô-las, meu casamento quase sucumbiu diante de tantas agruras... quando falta o pão, sobram acusações de ambos os lados!

Eu não entendia os porquês de nada disso, mas vinha à Catedral e fazia uma força enorme para agradecer pelo que ainda me restava: havia saúde, havia vontade e havia fé!

Confesso que me mantive firme em meus propósitos por conta da sua conduta, Reverendo, em repetir com amor os ensinamentos de Cristo. Sem suas palavras e o carinhoso apoio emocional com que me proveu, eu não teria superado tudo o que passei!

Sou muito grato pelo que fez por minha família, Reverendo.

No dia 13 de março, assinei contrato de trabalho com uma excelente empresa. Agora é fazer um esforço e continuar seguindo as palavras de Jesus:

"Orai e vigiai."

"Eu sei em quem eu sempre acreditei, em Jesus eu sou mais que vencedor."

Seu sempre amigo,

Marcos Duarte

Não desista

É Deus que me reveste de força e torna perfeito meu caminho.
Samuel 22:33

Essa frase, extraída do Segundo Livro de Samuel, capítulo 22, versículo 33, reflete sobre o contexto em que o povo hebreu vivia no tempo da monarquia, por volta do ano 1000 a.C.

O Livro de Samuel conta sobre as dificuldades de se pôr em prática o Reino de Deus sobre a Terra. Fala ainda sobre a unção do rei Davi e de seus feitos no período em que reinou em Israel. No capítulo 22, lê-se que Davi estava fugindo de Saul, porque este queria matá-lo.

O versículo 33 faz parte de um trecho chamado de "Salmo de Davi", ou seja, oração, cântico de Davi. O futuro rei Davi agradece e confia que o Senhor Deus está ao seu lado e irá defendê-lo e guiá-lo em sua missão.

Apesar de suas fraquezas e pecados, Davi é considerado um modelo de vida, porque foi fiel a Deus em todas as situações. Em geral, a ideia de salvação, no modo de pensar do Antigo Testamento, estava ligada ao livramento físico do poder das forças inimigas.

É importante notar que a tradição cristã estabelece uma relação entre Davi e Jesus. Os dois tinham claro que o mundo pode ser um lugar melhor. Com Jesus, contudo, vemos que Deus nunca desiste do ser humano, ao enviar seu próprio Filho para construir, em plenitude, o Reino de Deus neste mundo.

A teologia diz que há um *já* e um *ainda não*, ou seja, a proposta de Jesus de transformar a história continua se realizando à medida que cada pessoa, em sua realidade, faz a sua parte para melhorar a vida do próximo.

A mensagem tirada desse trecho é um convite para refletir sobre a jornada de cada pessoa neste mundo. O fato de ser uma pessoa religiosa, cheia de fé e atuante na comunidade não o livrará de passar por dificuldades e provações. Estamos todos sujeitos aos imprevistos da história. A diferença está na maneira como você encara os seus desafios e problemas.

Quando se lê todo o capítulo 22 do Livro de Samuel, entende-se que Davi foi perseguido por Saul porque este tinha medo de perder a posição de rei de Israel. Davi não desiste e tem a certeza de que seu caminho será perfeito. Imagino que cada um de nós já tenha passado por alguma situação semelhante a essa, pois sofremos diversas perseguições durante a vida.

É triste quando encontramos pessoas que se dedicam a controlar a existência dos outros e a atazaná-las. Isso às vezes nos leva a questionar nossa própria fé. Porém, se, por um lado, sabemos que não dá para alterar o pensamento e as ações das outras pessoas, por outro, é possível mudar a nós mesmos. Somos nós que devemos mudar em relação às pessoas e às situações penosas da vida.

Acredito que todos desejamos trilhar o caminho do bem, do amor e da paz, e esse caminhar é feito passo a passo, com paciência e dedicação. É necessário recomeçar todos os dias com honestidade e coerência. O desânimo e a desistência são inimigos mortais do triunfo e do sucesso.

Os desafios e as dificuldades não devem e não podem ser encarados como obstáculos intransponíveis, mas sim como oportunidades de superação. A persistência e a luta diária são o caminho certo para a vitória, para o sucesso individual e coletivo.

É na capacidade de superação de cada indivíduo que está o segredo para o triunfo da própria comunidade. É fundamental manter o foco nos objetivos e nunca duvidar de nossa própria força, nem afrouxar a determinação em concretizá-los.

A realização na vida está aí, na constância da luta que levará à superação de qualquer desafio que atravesse o nosso caminho!

Não se assuste perante os contratempos, as atribulações ou caminhos que parecem não ter saída. As dificuldades existem, e ao enfrentá-las nos tornamos mais fortes. Por isso, tenha coragem para lutar e superar esses momentos.

Se em algum momento parecer que você chegou a um beco sem saída, mude de rumo. Não tema um recomeço, pois ele trará coisas diferentes, muitas vezes melhores. Confie nas sua capacidade e nunca deixe de lutar. Reformule a rota quantas vezes for preciso, mas não abandone seus objetivos.

Não podemos esquecer: qualquer que seja a montanha que nos assombra, ela pode ser escalada se estivermos dispostos a nos esforçar. Pode ser cansativo, nem sempre será fácil, mas, quando chegarmos ao topo, receberemos a devida recompensa.

Por mais dificuldades que encontre, não desista. Talvez você neste momento atravesse uma escalada íngreme, mas, quando tudo ficar para trás, verá que o horizonte é de luz e esperança. Acima de tudo, nunca duvide de si. São suas capacidades que levarão você até os lugares que deseja alcançar.

Forças no Senhor

ELVIRA BATISTA

Nascida na roça, em Minas Gerais, aos 20 anos deixei minha mãezinha e vim tentar a sorte em São Paulo. Eu imaginava uma vida diferente da que tive, mas logo nos primeiros meses vi que seria muito difícil.

Passados uns meses, conheci uma pessoa maravilhosa, me casei, mas, após sete meses de casamento, ele foi assassinado.

Meu mundo acabou, e fiquei devastada de tanto sofrer por aquela perda.

Pensei que nunca mais me relacionaria com alguém. Mas o tempo passou, e quatro anos depois conheci aquele que seria meu atual marido. Com ele, tive dois filhos, a Nicolly e o Nicollas, que são as razões da minha vida.

Trabalhei durante 21 anos em uma loja de frios e laticínios no Mercado Municipal de Santo Amaro. Com muito esforço, consegui abrir meu próprio negócio: entrei como sócia em uma padaria alemã.

O combinado era que eu pagasse a minha participação na sociedade em parcelas, com o meu trabalho. No entanto, um ano após a inauguração, o mercado pegou fogo e perdemos tudo.

A tristeza era avassaladora.

Foi quando apareceu esse anjo, Reverendo Aldo. Para nos ajudar, ele cedeu um espaço na Catedral Anglicana de Santo Amaro para fazermos um bazar. E assim levantamos o dinheiro para sobreviver naquele caos.

A partir de então, passei a frequentar a igreja. Foi ali que encontrei forças para continuar. E ele sempre me dava conselhos e força para não desistir.

Minha filha queria muito voltar ao curso de inglês. Um dia ela resolveu escrever uma carta ao Reverendo Aldo, perguntando se ele poderia nos ajudar. Ele, com todo o carinho, sempre dizia que estava tentando – e eis que um dia conseguiu para ela uma bolsa de 100%, permanente, na Cultura Inglesa!

Sempre que vou à igreja ouço atentamente os hinos de louvor e parece que foram feitos para mim. Eles sempre me tocaram muito.

Tive muitas provações e aprendi muito durante todo esse tempo. Perdemos muitos clientes, mas nunca deixei de acreditar. Sempre creio que tudo vai dar certo. Nunca desisto do que quero e entrego tudo nas mãos de Deus. No seu tempo e na sua hora, Ele resolve tudo.

Fé, eu sempre tive. Mas, depois que acontecem certas coisas, você vai aprendendo e acreditando mais e mais, e, quando entende Deus na sua vida, as coisas dão certo.

Hoje, antes de qualquer coisa, peço sabedoria para reconhecer e resolver meus problemas.

Segura na mão de Deus

Disse Jesus: "No mundo haveis de ter aflições. Coragem!
Eu venci o mundo!"
João 16:33

No meio jornalístico há uma máxima que diz: "*bad news, good news*" (más notícias, boas notícias). Poucas vezes encontramos nos meios de comunicação abordagens positivas sobre as pessoas e as boas ações que transformam o mundo.

No testemunho da Elvira, que acabamos de ler, é possível perceber o exemplo de alguém que tem fé, que não desistiu e confiou que Deus enviaria pessoas dispostas a ajudar nos momentos mais difíceis.

Vamos refletir sobre as coisas boas que acontecem em nosso dia a dia, agradecer e propagar as maravilhas que Deus realiza constantemente em nossas vidas. No trecho bíblico de João, capítulo 16, versículo 33, lemos: "Disse Jesus: 'No mundo haveis de ter aflições. Coragem! Eu venci o mundo!'".

Na época em que a comunidade de João escreveu o seu evangelho, Israel era dominado pelo Império Romano. Na *Acta Romana*, o jornal da época, só havia notícias sobre a força do exército romano, sua dominação sobre vários povos e a violência com aqueles que resistiam ou desobedeciam a suas leis.

A comunidade de João tinha o objetivo de motivar seus seguidores e apresentar a boa notícia trazida por Jesus. Esse anúncio deveria mostrar os sinais de Jesus Cristo, ou seja, os feitos, as curas, os milagres. Esses milagres são "sinais" que revelam a glória de Cristo e representam os dons que Ele traz ao mundo.

Esse evangelho, escrito após 90 d. C., tem diferenças em relação aos três outros evangelistas, porque busca entender o sentido da vida, dos gestos e das palavras de Jesus. O texto se desenvolve em direção ao maior milagre, o da Ressurreição. Ao passar pela morte, o Senhor ressuscita gloriosamente e aparece aos discípulos e às mulheres. A ressurreição de Jesus Cristo mostra que Deus Pai não permitiu que seu filho ficasse deitado, morto no sepulcro, pondo-o de pé.

Ressuscitar significa "ser levantado, estar de pé". Que notícia maravilhosa! Acreditamos em um Deus que nos levanta nos momentos mais difíceis da vida. É por isso que Jesus disse: "coragem! Eu venci o mundo".

Não foi por força, violência ou imposição; foi com amor, gratuidade, gentileza. Acreditar em Jesus leva a pessoa a se comprometer com o que Ele viveu. Sua verdade e autenticidade são estímulos para todos. Cabe a nós propagar as experiências bonitas que temos com Ele, dizendo a todos como é bom segui-lo e amá-lo. Que nossas palavras e ações anunciem boas notícias, bem como nosso desejo de corresponder ao Senhor que cuida de nós com tanto carinho.

Se você sente suas forças se esvaindo, sente que é humano e não consegue ser perfeito, sente que chegou a um nível muito profundo de sofrimento, perceba que Deus pode segurar sua mão e entrar na sua vida.

Há momentos em que pensamos em desistir, sentimos nossas forças indo embora, e é Sua presença que nos renova nessa hora. Nosso sonho muitas vezes parece longe, mas o Senhor pode nos fazer enxergar além. É necessário e urgente que também nos ajudemos nessa resistência, para prosseguir em nosso caminho com outra visão, com outro interesse. Sempre que sentir dificuldades nisso, lembre-se desta oração:

Senhor. Peço Tua proteção antes de entrar na área de luta. Ilumina a minha mente para que eu seja inteligente o suficiente para saber me defender dos ataques do meu adversário. Fortifica meu corpo para que eu seja capaz de suportar os golpes do meu oponente sem me abalar. Orienta minhas ações para que eu saiba atacar com sabedoria. Governa meu corpo para que minha força se multiplique e minhas ações sejam eficientes. Senhor, faz com que esta luta seja limpa, franca, justa, e que eu tenha sucesso, pois muito tenho trabalhado para isso. Livra-me dos perigos, dos acidentes e de qualquer situação que possa me impedir de construir a minha felicidade. Acompanha-me e certifica-me de que irei ao encontro das minhas melhores opções rumo à vitória!

Jesus disse a seus discípulos:

> *Eu sou a videira verdadeira e meu Pai é o agricultor. Todo ramo que em mim não dá fruto ele o corta; e todo ramo que dá fruto, ele o limpa, para que dê mais fruto ainda. Vós já estais limpos por causa da palavra que eu vos falei. Permanecei em mim e eu permanecerei em vós. Como o ramo não pode dar fruto por si mesmo, se não permanecer na videira, assim também vós não podereis dar fruto se não permanecerdes em mim. Eu sou a videira, e vós, os ramos. Aquele que permaneceu em mim, e eu nele, esse produz muito fruto; porque sem mim nada podeis fazer. Quem não permanecer em mim será lançado fora como um ramo e secará. Tais ramos são recolhidos, lançados no fogo e queimados. Se permanecerdes em mim e minhas palavras permanecerem em vós, pedi o que quiserdes e vos será dado. Nisto meu Pai é glorificado: que deis muito fruto e vos torneis meus discípulos.*
> João 15:1-11

Este é um ensinamento bem fácil de entender: quem não vive para servir não serve para viver.

Isso vale para tudo. Para um casal de namorados, sócios de empresas, amigos.

Conhece a história da galinha que convidou o porco para uma sociedade? Ela lhe propôs que fossem para os Estados Unidos. "Lá, eles comem ovos com bacon". E ele respondeu "Sua proposta é ótima, mas quem entra com a vida sou eu".

E há muita gente assim. Quer fazer negócios, constituir família, mas só quer fornecer os ovos, enquanto o outro entra com a vida.

Servir ao próximo, ao mesmo tempo que nos conecta com o mundo, nos liberta. Estes dias estava buscando músicas e encontrei uma cantora gospel norte-americana que fazia uma música linda, que se chamava "I'm Free". E três músicos leram o refrão e acreditaram que fosse um coro, mas quem cantava era uma multidão no Carnegie Hall. E ela dizia "eu cansei de sofrer. Cansei de colocar peso na minha vida. Não quero mais viver no passado". Quando ela dizia "eu sou livre", as pessoas cantavam junto, em alto e bom som.

Seja livre. Pare de ser essa pessoa que leva todo o passado e todo o peso da vida.

Para aprofundar esse pensamento, gostaria de refletir sobre a passagem bíblica de Mateus, capítulo 14, versículos 22 a 33:

> *Logo a seguir, compeliu Jesus os discípulos a embarcar e passar adiante dele para o outro lado, enquanto ele despedia as multidões.*
>
> *E, despedidas as multidões, subiu ao monte, a fim de orar sozinho. Em caindo a tarde, lá estava ele, só. Entretanto, o barco já estava longe, a muitos estádios da terra, açoitado pelas ondas; porque o vento era contrário.*
>
> *Na quarta vigília da noite, foi Jesus ter com eles, andando por sobre o mar. E os discípulos, ao verem-no andando sobre as águas, ficaram aterrados e exclamaram: "É um fantasma!" E, tomados de medo, gritaram. Mas Jesus imediatamente lhes disse: "Tende bom ânimo! Sou eu. Não temais!". Respondendo-lhe, Pedro disse: "Se és tu, Senhor, manda-me ir ter contigo, por sobre as águas". E ele disse: "Vem!" E Pedro, descendo do barco, andou por sobre as águas e foi ter com Jesus. Reparando, porém, na força do vento, teve medo; e, começando a submergir, gritou: "Salva-me, Senhor!".*
>
> *E, prontamente, Jesus, estendendo a mão, tomou-o e lhe disse: "Homem de pequena fé, por que duvidaste?" Subindo ambos para o barco,*

cessou o vento. E os que estavam no barco o adoraram, dizendo: "Verdadeiramente és Filho de Deus!"

Da interpretação bíblica podemos extrair algumas imagens e significados que ajudam a pensar sobre a nossa vida.

Por exemplo: o lago da Galileia, chamado de mar, representa o mundo em que estamos; o vento e a agitação das ondas indicam as dificuldades e os desafios da vida; o barco pode denotar a vida de cada pessoa. No texto, a comunidade dos apóstolos representa a igreja cristã. Contudo, pode retratar a sua família, o grupo social em que você participa e a comunidade de fé em que você está.

No início do trecho, Jesus manda os discípulos partirem, enquanto ele fica sozinho em oração. Jesus lhes havia ensinado muita coisa, mostrando que já tinham autonomia para enfrentar a vida. Entretanto, quando surgem os ventos e as ondas fortes, ou seja, as dificuldades, eles não sabem o que fazer. Nesse momento, Jesus vai ao encontro deles, caminhando sobre as águas.

Os discípulos, assustados, não o reconhecem e, com muito medo, perguntam quem é Ele. Jesus responde: "sou eu". Essa expressão "sou eu" é muito importante, porque significa o nome de Deus na Bíblia. Encontramos essa mesma resposta no livro do Êxodo, quando Deus diz a Moisés quem Ele é. Só Deus pode SER. Os comentadores bíblicos traduzem o nome de Deus como "aquele que é", ou "aquele que será". O ser humano participa do ser de Deus, pois foi criado por Ele.

Em seguida, no trecho, Pedro desafia Jesus, ao Lhe pedir para andar sobre as águas. Assim se faz. No entanto, Pedro fica com uma metade do corpo dentro da água. Aqui está o principal ensinamento desse texto. Pedro representa cada ser humano que busca ser melhor, estando com parte do corpo no caos e a outra parte no *kairós* (graça de Deus).

As imagens sobre a água na Bíblia representam dois movimentos: o de vida e o de morte. Cada pessoa carrega suas imperfeições e virtudes, sendo ao mesmo tempo santo e pecador. Diante dessa reflexão, cabe a nós pensar: como vai a minha travessia neste mundo? Tenho pedido a ajuda para me encontrar com Jesus, para que Ele me dê a mão e evite que eu afunde? Desejo que essas palavras nos impulsionem a seguir nossa vida com esperança, dando-nos as mãos e nos ajudando mutuamente.

Se eu puder evitar que um coração se parta,
Eu não terei vivido em vão;
Se eu puder evitar a agonia duma vida,
Ou acalentar uma dor,
Ou assistir um desfalecido melro
A voltar a seu ninho,
Eu não terei vivido em vão.
Emily Dickinson

Milagres acontecem

REGIS CLÉO FERNANDES GRASSIA JUNIOR

Eu não era uma pessoa de fé. Não acreditava em Deus, nem duvidava Dele, quando cheguei à Catedral Anglicana.

Ainda relutante, fui com um amigo. Achava que o Reverendo fosse uma espécie de pastor que queria tirar proveito das pessoas. Só que esse amigo insistia demais para que eu fosse, e dizia "vamos lá, o Aldo é bacana". E foi assim que entrei na Catedral Anglicana.

A primeira vez foi em 2007. Depois disso, nunca mais saí de lá. Comecei a fazer um curso dentro da Igreja e a exercitar a minha fé.

Então, em 2011, com a fé fortalecida, tive um acidente de *kart* e fraturei a coluna. Não houve sequelas, mas a dor era insuportável. Fui ligado à bomba de morfina, a mesma bomba usada para doentes terminais de câncer, e nada adiantava. A dor não cessava.

A dor só passava quando eu fazia uma oração a Jesus e pedia: "Senhor, tire essa dor, que eu não estou mais aguentando. Eu sei que o Senhor pode curar". E, quando eu terminava de rezar, a dor passava. Era como se Jesus fizesse uma massagem nas minhas costas.

Depois disso, fui operado, fiquei sessenta dias em casa, fiz dez sessões de fisioterapia para tirar a dor, mas tinha que dormir no sofá porque não conseguia me deitar e relaxar. Dormia sentado.

Nesse período, o Reverendo sempre me visitava no hospital e buscava ser positivo diante dos meus avanços. Até que me recuperei completamente.

Comecei a ajudar a Igreja como podia. Fosse com doações, fosse por meio de ações. Entendia que, como comunidade, poderíamos sempre fazer algo uns pelos outros.

* * *

Então houve o episódio onde mais pude provar a minha fé. Foi quando, por conta da diabetes, perdi o dedo mindinho. Estava bem, mas os antibióticos me fizeram mal e estavam me matando aos poucos. Até que, na noite de 31 de dezembro de 2018, cheguei ao hospital com um quadro bastante grave e exames de sangue alarmantes.

"Vamos para a UTI imediatamente", foi o que ouvi da médica.

O quadro era muito grave.

Eu estava extremamente debilitado, sem força muscular, não conseguia sequer ficar de pé, indo carregado até o hospital.

O quadro era muito sério. Dei a entrada na UTI sozinho, num quadro triste e desolador, e passei a noite toda rezando.

Naquela noite eu pedi a Jesus que me desse uma segunda chance. Foi uma noite interminável de orações. E essa segunda chance foi dada.

Eu ainda me lembro da cara da médica quando viu meus exames no dia seguinte: "Está errado. Não pode ser esse o resultado em doze horas de diferença".

Eu sorri, enquanto ela dizia: "Vamos repetir os exames". Lembrava de cada palavra minha dita a Deus na noite anterior.

Repetimos os exames e o resultado foi o mesmo. Fui abençoado.

Nessa época, eu tinha um curativo no pé, usava uma sandália e não podia caminhar. O médico tinha dado uma previsão de oito meses a um ano para fechar aquela ferida, mas ela se fechou em bem menos tempo: em três meses e meio, a ferida cicatrizou. A médica mais uma vez não entendia aquela cicatrização tão rápida.

Depois disso, veio minha separação. Algum tempo depois, encontrei uma pessoa fantástica. Após haver tido uma segunda chance na vida, teria uma segunda chance no amor.

Eu já havia me tornado uma pessoa com fé e deixava tudo nas mãos de Deus. Sabia que Ele faz o melhor para cada um de seus filhos. Sabia que Deus não abandona ninguém.

O que eu sempre disse a Deus foi: "Se eu tiver merecimento, me ajude. Eu quero muito trabalhar em Seu nome".

Mesmo nos momentos ruins, Deus tem sido sempre maravilhoso. É fácil acreditar em Deus quando as coisas estão bem, mas quando se precisa de verdade é que ele está com a gente.

Não tem como eu não ser grato a Deus após ter recebido tantas bênçãos e milagres. Escuto a voz dele muitas vezes, eu o escuto conversar comigo. Tenho Deus como mentor e pai.

"Tudo posso naquele que me fortalece."

Lute

Não houve, acaso, quem voltasse para dar glória a Deus senão este estrangeiro?
Lucas 17:11-19

O testemunho de Regis nos faz lembrar das várias vezes em que o número dez é utilizado na Bíblia. Escolho uma dessas passagens para nos ajudar a refletir. No Evangelho de Lucas 17:11-19, lê-se:

> *E aconteceu que, indo ele a Jerusalém, passou pelo meio de Samaria e da Galileia. E, entrando numa certa aldeia, saíram-lhe ao encontro dez homens leprosos, os quais pararam de longe. E levantaram a voz, dizendo: "Jesus, Mestre, tem misericórdia de nós".*
>
> *E ele, vendo-os, disse-lhes: "Ide, e mostrai-vos aos sacerdotes". E aconteceu que, indo eles, ficaram limpos. E um deles, vendo que estava são, voltou glorificando a Deus em alta voz. E caiu aos seus pés, com o rosto em terra, dando-lhe graças; e este era samaritano. E, respondendo, Jesus disse: "Não foram dez os limpos? E onde estão os nove? Não houve quem voltasse para dar glória a Deus senão este estrangeiro?".*

Vamos analisar melhor esse fragmento do Evangelho de Lucas, que mostra a importância de ser grato, de reconhecer o que há de bom em nós e nas pessoas. O autor bíblico fala que eram dez leprosos. No entanto, ao ficarem curados, somente um deles voltou para agradecer a Jesus. Por várias vezes na Bíblia encontramos a aplicação do número dez, mas o que ele significa?

O número dez, na Bíblia, significa a totalidade, a perfeição natural do mundo, estar repleto, estar cheio. Representa ainda a letra hebraica Yod ou o número de Deus, da criação e da plenitude. Ao interpretar esse episódio, entendemos que cada pessoa está representada na parábola pelos dez leprosos. A lepra significa os males que afligem a humanidade. Dessa maneira, Jesus mostra um Deus capaz de curar o ser humano e, para tanto, oferece as condições necessárias, embora nem sempre as pessoas voltem para agradecer, ou mesmo percebam que Deus está agindo em suas vidas.

Muitos continuam carregando seus sofrimentos, aceitando para si aquela condição e se acomodando. Há, ainda, pessoas que se vitimizam e carregam mágoas e dores por toda a vida como se fossem troféus. Por outro lado, também pensamos naquelas pessoas que, diante de variadas situações cotidianas, se decepcionam e desanimam por não serem reconhecidas e valorizadas pelo bem que praticam.

Foi por isso que Jesus disse: "Não houve, acaso, quem voltasse para dar glória a Deus senão este estrangeiro?". Podemos nos perguntar: qual tem sido o nosso comportamento diante de Deus e das pessoas quando somos ajudados? De qual lepra eu quero ser curado? Sou grato a Deus e às pessoas pelo bem que me fazem? O sentimento de gratidão pode nos ajudar a curar nossas feridas e nos tornar pessoas mais livres e generosas.

Lute com ousadia, fé e toda a sua coragem. Com essas armas preciosas, com certeza você vai atingir a vitória. Toda a meta alcançada fez cair muito suor, por vezes até lágrimas, mas é isto que faz um vencedor: ousadia, coragem e uma boa dose de humildade!

As dificuldades vêm e vão, e o período que cada uma delas levará para sair da sua vida nem sempre depende completamente de você. Muitas vezes, a vitória não aparece.

No primeiro momento, quando o fracasso acontece, é preciso manter a calma e tentar lidar da melhor maneira possível com as consequências que o sucedem. É muito improvável que alguém consiga ter tudo que ambiciona, mas saber administrar as conquistas e derrotas diárias certamente ajudará você a manter uma rotina muito mais feliz e a viver de forma muito mais despreocupada. Se hoje a situação não fluiu como esperava, lembre-se de que o amanhã sempre nos arranja mais uma oportunidade.

Nem sempre é fácil lutar por nossa felicidade. Por vezes isso exige grandes sacrifícios. Muitas vezes isso implica abandonar pessoas que nos prejudicam e largar hábitos que cultivamos, mas que em nada contribuem para termos uma vida melhor. Contudo, se travamos essa batalha, estamos no bom caminho. Nada é mais importante que um sorriso no rosto. Vale sempre a pena buscar a alegria que nos transmite satisfação. É isso que dá um verdadeiro sentido a nossa existência.

Sempre que você recomeça algo, está provando para si que nada consegue derrotar você e demonstrando ao mundo que continua firme na luta por seus objetivos. É verdade que a vida às vezes nos faz cair, mas, quando nos levantamos e seguimos nosso caminho, estamos mais preparados para os próximos desafios. Nunca deixe de recomeçar algo que ficou por acabar, por medo dos desafios que virão a seguir. Você aprendeu com a queda e tem agora toda a força de que precisa.

O tempo não para. A vida não volta atrás. E vamos continuar errando. Só não podemos nos dar ao luxo de cometer sempre os mesmos erros. Há muitas maneiras diferentes de errar, e cada uma nos traz uma lição. A vida não vem com manual. Se, ao fim dela, pudéssemos escrever um guia, ele não serviria para ninguém além de nós mesmos. Todos somos diferentes.

Não se condene pelos maus passos que deu no passado. Mas olhe para trás, veja onde está pisando e escolha muito bem o seu caminho no futuro. Viva a vida.

Em cada luta ou dificuldade, só temos duas decisões possíveis: abaixar os braços e desistir ou seguir em frente e tentar vencer. O caminho que escolhemos determina o tamanho do nosso sucesso. Às vezes, o mais fácil parece ser fugir dos obstáculos, mas dessa forma nunca sentiremos o sabor da vitória. Por isso, escolha lutar, mesmo que o faça contra as probabilidades, pois assim você saberá que pelo menos deu o seu melhor.

Pessoas sem atitude não lutam por aquilo que desejam, mas também dificilmente conquistarão alguma coisa. E, mesmo que um dia conquistem, nunca conhecerão o verdadeiro significado da palavra "mérito". A vida é muito curta para ser levada com covardia, preguiça, e principalmente para perder sem ao menos ter lutado! Você, que hoje descansa a cabeça no travesseiro e sonha com o que acha impossível, faça um favor a si mesmo e amanhã ganhe coragem, ouse e lute pela vitória!

Há certos momentos em que parece que nossos sonhos ficam distantes e inalcançáveis. A vida nem sempre nos dá facilidades quando buscamos algo que desejamos muito, e por vezes acabamos sentindo medo e permitindo que a confiança vá embora.

Não desanime, mesmo que tenha a sensação de que todo o seu esforço tem sido em vão. Talvez apenas ainda não tenha chegado a ocasião certa para alcançar suas metas, ou talvez você precise tentar fazer as coisas de um jeito diferente. Quem sabe falte um último esforço ou tentativa, um grito final. Qualquer que seja o seu caso, acima de tudo jamais desista. Nunca ninguém conquistou algo abaixando os braços ou deixando as coisas por acabar. Além disso, nada na vida se consegue sem sacrifício. E a luta que vamos travando é um trajeto obrigatório entre o nosso objetivo e a tão desejada vitória.

As pessoas de fé mostram sua força na forma como resistem às adversidades da vida. É normal cair. Nem sempre se vence, mas a determinação é tão grande que, quando isso acontece, essas pessoas não se deixam ficar no chão e logo se levantam para continuar a batalha.

Cultive esse espírito todos os dias. Ser alguém com fé de verdade não envolve ser invencível, mas sim ter um coração determinado. Escolha não desistir diante de nenhum obstáculo e sinta, dessa forma, o sabor da vitória.

Ouse sonhar, pois só os sonhadores veem o amanhã. Ouse desejar, porque isso abre caminhos para a esperança, e ela é o que nos mantém vivos. Ouse buscar as coisas que ninguém mais pode ver. Não tenha medo de ver o que os outros não podem. Acredite em seu coração e em sua própria bondade, pois, ao fazê-lo, outros acreditarão nisso também. Acredite na mágica, a vida é cheia dela, mas, acima de tudo, acredite em si mesmo, porque dentro de você reside toda a mágica da esperança, do amor e dos sonhos de amanhã!

O sonho é a luz que conduz nossas vidas. É a força que nos mantém firmes na luta por tudo em que acreditamos. Sem ele, todos os dias seriam vazios e no final acabaríamos sempre perdidos. Nunca desista de sonhar, faça isso para o bem da sua alma. Haverá dias em que os sonhos parecerão distantes e outros em que estarão perto de ser conquistados, mas o mais importante é manter a expectativa de que no futuro eles se tornarão realidade. Jamais desista dos seus sonhos: "tudo posso naquele que me fortalece e quem fica parado é poste".

Eu me lembro! Eu me lembro! – Era pequeno
E brincava na praia; o mar bramia
E, erguendo o dorso altivo, sacudia
A branca escuma para o céu sereno.
E eu disse a minha mãe nesse momento:
"Que dura orquestra! Que furor insano!
Que pode haver maior do que o oceano,
Ou que seja mais forte do que o vento?!"
Minha mãe a sorrir olhou para os céus
E respondeu: – "Um Ser que nós não vemos
É maior do que o mar que nós tememos,
Mais forte que o tufão, meu filho, é Deus!"
Casimiro de Abreu

Lágrimas que guiam

FABIANA PERA

Minha história se inicia em 2009, quando adquiri, junto com meu marido, uma franquia dentro de um shopping. Como meu marido era administrador, deixei tudo nas mãos dele e tocamos a vida, que parecia estar indo muito bem com a nova aquisição.

A loja nos proporcionou vários momentos de prazer e descanso, até o dia em que veio a notícia.

"Perdemos o ponto."

Eu não conseguia entender aquelas palavras que saíam da boca do meu marido. Como aquilo podia estar acontecendo?

"Nós compramos o ponto. Não tem como isso acontecer", disse a ele.

E foi então que comecei a entender o que tinha acontecido. Ele tinha deixado de pagar uma mensalidade do aluguel e o dono do shopping havia entrado com uma ação de despejo.

Segundo meu marido, era um décimo terceiro obrigatório que não havia pagado. E isso fez com que perdêssemos a loja.

Fiquei estática durante alguns minutos. Perguntei o que tinha acontecido de fato. Eu precisava entender melhor.

As palavras dele eram claras: ele tinha deixado de pagar e o shopping movia uma ação de despejo. Perdíamos tudo.

Meu mundo desabava duplamente. Primeiro, com a sensação de pânico por perder tudo que tínhamos. E, em segundo lugar, com meu sócio e parceiro de vida. Eu não me conformava com o fato de ele ter deixado aquilo passar e me comunicar naquele momento, quando tudo já estava perdido.

Para piorar a história, ele tinha entrado em contato com o proprietário do shopping de maneira grosseira, e o homem não queria mais vê-lo nem pintado de ouro.

"Não vou aceitar isso. Temos que reverter esse quadro", eu falei.

Ele insistiu que não havia nada que pudesse fazer. E eu insistia que não ia aceitar aquilo.

Tínhamos contatos com pessoas que conheciam o dono do shopping, mas ele era taxativo. Não queria falar conosco de maneira nenhuma. Disse que tinha sido destratado e meu marido era *persona non grata* para ele.

Eu estava em choque. Comecei a viver à base de medicamento. Não conseguia suportar aquele momento, meu mundo parecia desabar. Fui conversar com a administradora do shopping e entender se poderia me retratar. Não conseguia nem pensar, tamanha a preocupação com aquele prejuízo todo.

Na época eu já frequentava a Igreja e fui atrás do Reverendo Aldo. Nossa conversa foi um divisor de águas. Suas palavras eram claras: pense nos seus ideais, nunca desista!

Ele me dava forças para tentar até a última instância fazer alguma coisa e não me acovardar diante de nenhuma dificuldade. "Pense nos seus ideais", ele repetia constantemente.

Enquanto corria feito louca atrás do dono do shopping, continuava no meu emprego no Jabaquara. E depois do expediente ia para Santos, escondida, para tentar falar com aquele homem.

Expliquei para as pessoas que trabalhavam com o dono do shopping que meu marido tinha omitido as informações de mim e que eu precisava falar com ele, e aí descobri que não era só questão de dinheiro.

Conversei com uma de suas assistentes e ela se comoveu comigo. Eu estava em estado de desespero. Ia à Igreja, me ajoelhava diante do altar, chorava convulsivamente para que Deus pudesse abrir uma porta para a conciliação, para que eu pudesse ter a oportunidade de reverter aquela situação.

Graças às orações, a carta de despejo deu errado por conta de um erro de digitação e ganhamos tempo para tentar falar com o proprietário do shopping, aquele homem poderoso que não recebia ninguém.

Eu ia todos os dias à Igreja na hora do almoço e rezava para que Ele me desse uma luz. Eu não podia continuar daquele jeito. Precisava resolver aquela situação. E, depois de muita insistência, certo dia ele decidiu falar comigo. Era um homem poderoso na cidade e falou que me receberia com uma condição: que meu marido estivesse presente na reunião.

Antes de ir, conversei com o Aldo, que me disse palavras duras: "você confiou no seu esposo. Não deveria ter confiado seu negócio da forma como confiou".

Fiquei irritada, mas sabia que ele estava certo. Saí da Igreja batendo o pé e pensando: "vim buscar um conforto e ele me chama a atenção desse jeito?".

Fui atrás do meu desejo, conversamos com o homem e falei que estava pedindo uma oportunidade.

"Me deixe ter meu ponto de volta. Somos pessoas de bem."

Ele me olhou de cima a baixo e negou meu pedido. Não daria oportunidade.

"Então deixe que eu venda a loja. Senão vamos perder tudo..."

Ele se negava a dar qualquer chance, mas foi claro:

"Olha, Fabiane, nunca ninguém conseguiu reverter isso, tenho pessoas com dívidas menores e nunca dei uma oportunidade, mas você está aqui e me faz ver que lutou o máximo para chegar aonde chegou. Dou um prazo, mas vocês não podem voltar para o shopping."

Então, deu o ultimato: "se não venderem a loja em três meses, perderão o ponto".

Três meses para vender uma franquia? Não seria nada fácil, mas aceitamos o acordo. Saímos dali calados, mas agradecidos com a última oportunidade dada.

Assim que entramos no carro, meu marido me pediu perdão pelo que estávamos passando. Disse que eu não merecia aquilo. Enquanto os dias se passavam e não encontrávamos um comprador para a loja, eu ia todos os dias à Igreja e ajoelhava diante do altar. Pedia que Deus me desse forças e escutava a voz do Reverendo Aldo dizendo "*nós capota, mas não breca*", "eu envergo mas não quebro".

Ficava com aquelas palavras simples e profundas ecoando dentro de mim e pensava no que seria de nós se não conseguíssemos vender a loja. Era um desespero tão grande que eu preferia nem pensar naquilo, mas era inevitável.

Então, o milagre aconteceu. Em menos de uma semana, encontrei um comprador para a loja. Depois de tanto sofrimento, tudo se solucionou.

Se tivéssemos que entregar o ponto, teríamos uma dívida enorme, além de ter de pagar todos os funcionários, a multa rescisória e tudo mais. Seriam mais de 400 mil reais.

Vendemos a loja, pagamos as dívidas e a força que Deus me deu nesse momento me provou que não podemos desistir diante de nenhum obstáculo. Essa foi a maior vitória que já tive. E até hoje estou de pé, mesmo havendo pensado em tragédias na época, já que a dívida era impagável.

Foi por meio da força que Deus me deu quando eu me ajoelhava sozinha diante daquele portão muitas vezes fechado que as coisas aconteceram.

"Tudo posso naquele que me fortalece."

O Senhor Deus é a minha luz e a minha salvação; de quem terei medo? O Senhor me livra de todo perigo; não ficarei com medo de ninguém.
Salmo 27:1

O Salmo 27, citado pela Fabiana, faz parte de um conjunto de orações que eram utilizadas durante as viagens de peregrinação do povo judeu em direção ao Templo de Jerusalém, os chamados "cânticos das subidas".

Em Jerusalém havia cantores que recitavam os Salmos durante o culto judaico. Com variados significados, os Salmos serviam como resposta para as necessidades e para indicar a certeza de que o Senhor Deus amparava seu povo e descia do céu para socorrê-lo quando necessário. Para a tradição cristã, essa esperança em Deus estava viva e se concretizou na pessoa de Jesus Cristo.

Essa linda oração do salmista reflete a confiança e a certeza de que Deus está sempre ao lado da humanidade. Os Salmos normalmente são traduzidos por "hinos" ou "cânticos". Desde a Antiguidade, o povo hebreu se inspirou em seus vizinhos da Mesopotâmia e do Egito para desenvolver suas formas de poesia lírica. Muitos cânticos são atribuídos a Moisés, Davi e Salomão, entre outros. Contudo, não é possível precisar a autoria de cada um dos 150 Salmos.

O mais importante é saber que eles foram compostos em diferentes fases da história do povo de Israel, demonstrando suas angústias, sofrimentos, pedido de socorro, alegrias, esperanças e ação de graças.

De modo geral, foram escritos por muitas mãos e em diferentes comunidades espalhadas pelas terras bíblicas. Partindo do Templo de Jerusalém, sob a responsabilidade dos sacerdotes, e chegando até o mais simples pastor de ovelhas ou ao pescador que cantava a Deus suas orações e ensinava a seus filhos a fazer o mesmo, os Salmos eram utilizados por todos como meio de aproximação com Deus. Gosto de pensar que cada um de nós, com a sua rotina diária, continua escrevendo Salmos a Deus.

Nossas lamentações, nossa confiança e nossa determinação compõem os mais belos hinos que testemunham a nossa fé verdadeira em um Deus que inspira a todos e dá forças para seguir a caminhada neste mundo. Nossa existência torna-se autêntica à medida que mostramos quem somos de verdade, com os acertos e as limitações que possuímos. A Deus ninguém engana! Cabe a cada um renovar a disposição em crescer e se aprimorar sempre mais. Por exemplo, cada vez que nós lemos e meditamos sobre essas palavras do Salmo 27, versículo 1, temos uma inspiração diferente. Isso acontece porque mudamos, a nossa disposição mudou; mas sempre nos sentimos tocados e motivados pelas palavras bíblicas.

Como é bom saber que há um Deus que ilumina nosso caminho e que nos dá forças para enfrentar nossos medos.

Faça por você

Eu sou a videira verdadeira,
e meu Pai é o agricultor.
João 15:1-8

Vamos refletir sobre o significado da palavra "parábola", que aparece constantemente nos ensinamentos de Jesus. A parábola é uma narrativa que faz uso de comparações e aproximações para transmitir um ensinamento moral.

Na literatura oriental, é bastante comum encontrar essa forma de lição de vida, em que cada palavra ou expressão tem um significado simbólico específico. Jesus utilizou várias vezes esse recurso literário para explicar a seus discípulos, e mesmo ao povo em geral, algum assunto.

Suas parábolas refletem aspectos comuns da cultura judaica daquela época. Ao falar do pastor de rebanho, do pescador, do semeador, dos talentos, do filho pródigo, do trigo e do joio, entre outras situações, Jesus tem como maior objetivo instruir sobre o Reino de Deus.

No caso da parábola da videira, João 15:1-8, a comunidade joanina inspirou-se em alguns textos do Antigo Testamento que falam sobre a vinha e a videira. Exemplos disso são os cantos de Isaías 5:1-7 e Jeremias 2:21. No primeiro caso, lê-se: "a vinha do Senhor dos Exércitos é a casa de Israel" (versículo 7), da qual "ele esperava que produzisse uvas boas, mas deu uvas bravas".

O juízo sobre a vinha será a retirada da sebe, do muro, para que se torne deserta (versículos 5-6). Esse trecho fala sobre as uvas bravas que foram encontradas na videira, sobre a natureza ruim de seus frutos, e não sobre improdutividade.

No segundo caso, Jeremias afirma: "Todavia, eu mesmo te plantei como videira excelente, uma semente inteiramente fiel;

como, pois, te tornaste para mim uma planta degenerada, de vida estranha?". Aqui, a videira representa os filhos ou a casa de Israel.

A idolatria está presente na expressão "uvas bravas". A expressão quer dizer que a videira modificou sua natureza. Pesquisando comentários bíblicos sobre o significado de "videira" no Novo Testamento, encontra-se a seguinte resposta: Jesus é a videira de Deus plantada na história.

Percebemos que existe uma continuidade entre o Antigo e o Novo Testamento. Jesus é o enviado do Pai. Ele representa "o verdadeiro Israel, plenamente fiel a Deus". Assim, a imagem da "videira" utilizada pela comunidade de João coloca Jesus no lugar que até então era ocupado por Israel. Essa compreensão foi sendo construída à medida que, por causa da perseguição romana e da destruição do templo de Jerusalém, as comunidades cristãs foram se afastando do território israelense.

As comunidades precisavam seguir sua prática religiosa e desenvolver sua própria compreensão e interpretação das Escrituras Sagradas. Como eles, entendemos que nossa vida de fé precisa estar bem unida a Jesus Cristo. Esse sentimento de pertença a Jesus nos capacita a produzir bons frutos e espalhar a esperança de um mundo mais solidário, justo e saudável em todos os aspectos.

Apesar das perseguições e de toda a sorte de dificuldades, as comunidades cristãs perseveraram e não apenas seguiram em sua fé, mas também continuaram a estudar e a interpretar as Escrituras, além de difundir a fé cristã e a esperança pelos quatro cantos do mundo. Isso nos leva a retomar a importância da perseverança para o bom cristão.

Toda conquista na vida depende da nossa disposição, do nosso empenho! Quando você quer alguma coisa, quando a deseja de verdade, tem de correr atrás dela. Desistir não deve nunca ser opção.

Sempre digo nas minhas missas: "não ponha ninguém à frente da sua felicidade, não se deixe para trás. Se você não se motivar, se você não despertar a vontade de ser feliz, de mudar o que não está bom em sua vida, nenhuma força externa fará isso por você".

A felicidade não cai do céu; ela precisa ser buscada minuciosamente. Está nas pequenas e mais singelas coisas. Se há algo de que você não gosta na sua vida, no seu trabalho, no seu corpo, nos seus relacionamentos, então mude!

Cabe a você fazer a sua felicidade. Não a entregue nas mãos de ninguém, não viva seguindo as expectativas de outras pessoas. Viva sua vida do jeito que você quer, do jeito que você considera bom. Não mude nada em si mesmo porque lhe dizem para mudar, mude se achar que isso o fará feliz!

São os sonhos que nos fazem viver, são eles que nos levam a acordar todos os dias com motivação para enfrentar cada desafio. É a perspectiva de realizar projetos e concretizar objetivos pessoais que nos induz a acreditar que podemos realmente vencer. Então, sonhe sem limites e dê asas à imaginação.

É verdade que às vezes vislumbramos cenários impossíveis, e muitas vezes as dificuldades que surgem trazem cansaço e parecem tornar a batalha cada vez mais difícil. Mas, quanto maior for a nossa meta, maior será a nossa recompensa – e tentar alcançá-la será ao menos a garantia de que fizemos tudo por aquilo que queríamos. Por isso não desista, seja qual for a sua situação. Deixe que seus sonhos comandem seus passos e seus caminhos, e seja feliz por fazer da persistência o seu maior aliado.

Seja sempre sua melhor versão. A vida é feita de obstáculos constantes, e em algumas situações é necessário que você esteja no limite da sua motivação, no auge da sua força para conseguir contornar todos eles e alcançar suas metas. Tudo o que aprendeu com as quedas do passado e com as tentativas frustradas fez de você alguém ainda mais capaz. Agora não é hora de hesitar ou ter medo. Revista-se de fé, confie na vitória e parta para novas conquistas.

Você merece ser feliz e tem que ser o primeiro a acreditar nisso. Saber que se luta por algo bom e desejado traz a motivação necessária para começar a batalha e a força para não desistir dela. Como dissemos, ninguém tentará conquistar a felicidade por você. Siga em frente e aproveite cada oportunidade que surgir no seu dia a dia para se aproximar dela.

Repita sempre para si: enquanto o medo não for maior que minha coragem, eu avançarei. Enquanto as adversidades não forem mais fortes que minha fé, eu suportarei. Enquanto os sonhos estiverem ao meu alcance, eu lutarei por eles. A vida pode mudar e não é possível adivinhar como será meu futuro, mas, no que depender de mim, farei sempre tudo para ser feliz.

Todos os dias estamos em busca de sentido para realizar as tarefas cotidianas. Ao longo dos séculos, nossos antepassados enfrentaram muitos desafios. Suas vidas muitas vezes consistiam em obedecer ordens, participar de guerras, enfrentar as doenças e trabalhar para sobreviver. Não era possível pensar em liberdade de escolha perante as imposições dos reis e da própria religião. Hoje, é claro, continuamos tendo problemas e desafios. No entanto, podemos acessar mais informações e, em grande medida, podemos fazer escolhas. Faça as escolhas certas para si e para o mundo em que você vive: não importa o momento da vida em que esteja, mantenha vivo o seu desejo e a sua disposição de ser significativo para si e para as pessoas que o cercam.

Jesus falou muitas vezes a seus discípulos sobre a importância da perseverança. No texto de Marcos, capítulo 14, versículos 32-39, lemos:

> *Jesus e os discípulos foram a um lugar chamado Getsêmani. E Jesus lhes disse: "Sentem-se aqui, enquanto eu vou orar". Então Jesus foi, levando consigo Pedro, Tiago e João. Aí ele começou a sentir uma grande tristeza*

e aflição e disse a eles: "A tristeza que estou sentindo é tão grande que é capaz de me matar. Fiquem aqui vigiando". Ele foi um pouco mais adiante, ajoelhou-se, encostou o rosto no chão e pediu a Deus que, se possível, afastasse dele aquela hora de sofrimento. Ele orava assim: "Pai, meu Pai, tu podes fazer todas as coisas! Afasta de mim este cálice de sofrimento. Porém que não seja feito o que eu quero, mas o que tu queres." Depois voltou e encontrou os três discípulos dormindo. Então disse a Pedro: "Simão, você está dormindo? Será que não pode vigiar nem uma hora? Vigiem e orem para que não sejam tentados. É fácil querer resistir à tentação; o difícil mesmo é conseguir".

Jesus pede aos discípulos para vigiar com Ele, para que permaneçam acordados e atentos.

Essa passagem bíblica insere-se no contexto da paixão e morte de Jesus. Ele foi coerente com seu propósito. Jesus também teve dúvidas e sentiu medo, como todos nós. Contudo, buscava inspiração e orava ao Pai para que sua pregação e testemunho possibilitassem a construção de uma sociedade mais humana, amorosa e solidária. Jesus ensina ainda que todos estamos suscetíveis às dores e aos sofrimentos da história. Ele mostrou que o grande segredo está na maneira como encaramos essas situações. Ele assumiu em tudo a condição humana e se fez um só conosco.

Jesus revela o rosto de um Deus que só pode querer o bem do ser humano e que cuida com carinho de todos sem distinção. Em muitos momentos da vida, não temos as respostas ou as certezas que buscamos e precisamos. É nesse instante que colocamos todo o nosso bom senso, intuição e sabedoria para acertar. Que nossas decisões nos conduzam sempre em direção à felicidade pessoal e coletiva. Confiando em Deus e na sabedoria Dele, devemos prosseguir, insistir, perseverar, sempre em busca da nossa felicidade.

A fé e a graça alcançada

ISABELLA GHIGONETO

Em 2011 eu faria 40 anos e tinha muita vontade de ser mãe.

Em janeiro, nas minhas idas à Igreja Anglicana, eu sempre deixava esse pedido na caixa de orações, mesmo sem estar namorando ninguém na época. Conversava com o Reverendo e dizia o quanto era importante para mim me tornar mãe. Já chegando aos 40, não tinha conseguido realizar esse sonho.

Foi quando, em maio de 2011, conheci o pai da minha filha. Foi um amor intenso. Em um mês, estávamos morando juntos.

Uma semana antes de completar 40 anos, descobri que estava grávida de oito semanas. Atribuo isso a uma graça alcançada pelas minhas orações.

Eu tinha sido batizada na Igreja Católica, mas nunca me identifiquei muito com os dogmas da Igreja. Conheci a Anglicana há 20 anos. Um amigo, o Roberto, que frequenta a Igreja até hoje, disse que estava indo a um lugar que lhe fazia muito bem. Por coincidência, eu na época estava noiva, e meu noivo não queria se casar em nenhuma Igreja que tivesse imagens, porque ele não era uma pessoa religiosa. E, ao entrarmos na Anglicana, vi que aquele lugar seria perfeito.

Comecei a gostar do sermão do Reverendo e a me envolver na Igreja, participar das orações de quarta-feira e de domingo, e passei a gostar muito dos dogmas da Igreja, do que ali se pregava, das obras sociais, e principalmente de ser uma Igreja que acolhia a todos.

O sermão do Reverendo me tocava muito, e continua me tocando até hoje.

Comecei a fazer atividades voluntárias em creches, porque na época meu irmão coordenava aquele trabalho, e a dar palestras jurídicas para os pais de crianças que as frequentavam, tanto as de Paraisópolis quanto as do Jaguaré. Aquilo me fazia muito bem. E eu percebia que, quanto mais fazia o bem, mais aquilo retornava para mim. Era um trabalho que eu adorava fazer.

Tinha muita fé na Anglicana, mas, quando terminei meu noivado, em 2006, não via muitas perspectivas em relação a formar uma família.

Então, em 2011, quando encontrei o homem da minha vida e consegui engravidar, senti que Deus estava me abençoando. Eu já tinha tido uma bênção ao comprar um apartamento, depois de muito esforço. Mas aquilo era diferente.

Do início das orações e pedidos até conhecer o meu marido e engravidar, levou apenas um mês. Por essas e outras, sempre estou agradecendo pelas graças alcançadas. A fé sempre foi muito importante na minha vida. Uma oração abre portas, e acredito que uma vida regida por Deus é muito mais interessante. Não sabemos nada e não temos a dimensão do que pode acontecer quando deixamos tudo nas mãos Dele.

Eu sempre tive essa fé e essa crença, mas esse episódio confirmou para mim que Deus era maravilhoso. Crer sempre: essa é a sugestão para todas as pessoas que conheço.

Não sabemos os caminhos de Deus. Nem seus desígnios. E muitas vezes pedimos uma graça que não estamos prontos para receber naquela hora. Mas, se você crê e isso for bom para você, não desista. Ele não escreve certo por linhas tortas. Ele escreve por linhas certas, e a gente é que não sabe seus desígnios.

Eu só recebi a graça quando estava preparada para encontrar a pessoa certa. E só engravidei quando era possível e com a pessoa encaminhada por Deus. Acreditem ou não, mas eu pedia a Deus para encontrar um homem exatamente com os valores do pai do meu filho.

Crer, acreditar e confiar. E fazer a nossa parte, mas sempre com fé, confiando que na hora certa vai acontecer o melhor e Deus vai designar o que for bom para você.

Acredite, você vai conseguir. Mostre a Deus o que você quer e siga em frente, que ele irá agraciar você.

O milagre da vida

A mudança é sempre uma experiência empolgante e desafiadora. Na Bíblia, encontramos vários exemplos que apresentam a bondade de Deus para com a humanidade ao mostrar a ela novos caminhos. Vamos recordar algumas passagens bíblicas que narram, por exemplo, a concepção e o nascimento de crianças especiais. Esses eventos transformaram profundamente a vida de algumas mulheres, que protagonizaram lindas histórias. Entre as histórias estão o nascimento de Samuel, o de João Batista e o do próprio Jesus.

SAMUEL

E fez um voto, dizendo: Senhor dos Exércitos! Se benignamente atentares para a aflição da tua serva, e de mim te lembrares, e da tua serva não te esqueceres, mas à tua serva deres um filho homem, ao Senhor o darei todos os dias da sua vida, e sobre a sua cabeça não passará navalha.

E sucedeu que, perseverando ela em orar perante o Senhor, Eli observou a sua boca.

* * *

Então respondeu Eli: "Vai em paz; e o Deus de Israel te conceda a petição que lhe fizeste".

Samuel 1:10-11;15-17

JOÃO BATISTA

Durante o tempo em que o incenso queimava, o povo lá fora fazia orações. Então um anjo do Senhor apareceu em frente de Zacarias, de pé, do lado

direito do altar. O nascimento dele vai trazer alegria e felicidade para você e para muita gente, pois para o Senhor Deus ele será um grande homem.
Lucas 1:10-15

JESUS

Tudo isso aconteceu para se cumprir o que o Senhor tinha dito por meio do profeta: "A virgem ficará grávida e terá um filho que receberá o nome de Emanuel". (Emanuel quer dizer "Deus está conosco.") Quando José acordou, fez o que o anjo do Senhor havia mandado e casou com Maria. Porém, não teve relações com ela até que a criança nasceu. E José pôs no menino o nome de Jesus.
Mateus 1: 20-22

Como pessoas de fé, acreditamos que somos fruto do amor e do desejo de Deus e não de um acaso, como afirmam alguns filósofos existencialistas. Os textos bíblicos que foram escolhidos estão repletos de significado e transmitem a mensagem de que o Senhor Deus está acima de todas as coisas e pode realizar grandes maravilhas em nossa vida. Desde a história de Ana, mãe de Samuel, passando por Isabel, mãe de João Batista, e chegando a Maria, mãe de Jesus, percebemos a intervenção de Deus na história da humanidade.

Nos três exemplos encontramos mulheres que desejavam corresponder ao projeto de Deus. A iniciativa é do Senhor, mas o aceite depende de cada pessoa. Ana e Isabel eram consideradas estéreis e o Senhor atendeu ao seu clamor. No caso de Maria, apesar de ter sido escolhida, a concepção do filho de Deus só se concretizou por causa do seu sim. Assim, cabe ao ser humano participar da graça de Deus de forma livre e voluntária, ou seja, a graça de Deus supõe a natureza humana, o envolvimento de cada um com aquilo que deseja receber.

Elevamos, todos os dias, as nossas orações a Deus, expressando angústias, preocupações, medos e esperanças. Cada criança que nasce neste mundo traz alegria e bênção, que, consequentemente, plenificam a vida de um casal e de uma família. Aprendamos a valorizar e a celebrar a nossa vida e a vida de todas as pessoas.

A força de dentro

Em situações difíceis, quando temos fraquezas emocionais e espirituais, precisamos de força, mas muitos tentam se aproveitar covardemente de nossa situação.

Na Igreja Anglicana, tento criar uma "Igreja terapêutica". Uma Igreja acolhedora, que não determine quem continua ali ou não. A intenção é sempre acolher e ajudar cada um diante de suas dores. Temos que estar todos unidos. Entender o Evangelho é isso, não é se aproveitar dos momentos de dor e fraqueza alheios, nem ficar parado diante das calamidades que exigem que tenhamos solidariedade e força.

Muitas pessoas gostam de jogar pedras em outras, achando-se no direito de julgar quem faz ou não uma boa obra, mas não adianta tentarmos ser donos da justiça. Justo é Deus.

Devemos sempre estar atentos e colocar a nossa "máscara de oxigênio". Tomar fôlego, organizar nossas vidas e depois ajudar os que estão ao nosso lado.

Veja onde está negligenciando a si mesmo, em que precisa melhorar, peça ajuda a Deus para conseguir fazer aquilo que sonha, para ter fé, para olhar para a frente. Peça a Deus, porque quem cuida de você não dorme.

Compete a cada um de nós buscar ser o melhor possível a cada dia. E é preciso estar atento. Orar e vigiar dia após dia para que não nos desesperemos.

Outra parábola lhes propôs, dizendo: "o Reino dos Céus é semelhante a um grão de mostarda que um homem tomou e plantou no seu campo;

o qual é realmente a menor de todas as sementes; mas, crescendo, é a maior das plantas e faz-se uma árvore, de sorte que vêm as aves do céu e se aninham nos seus ramos".
Mateus 13:31-32

(...)

Outra parábola lhes disse: "O Reino dos Céus é semelhante ao fermento que uma mulher toma e introduz em três medidas de farinha, até que tudo esteja levedado".
Mateus 13:33

(...)

Tudo isso disse Jesus por parábolas à multidão. Nada lhes falava sem parábolas, para que se cumprisse o que dissera o profeta: "Abrirei em parábolas a boca; publicarei coisas ocultas desde a criação do mundo".
Mateus 13:34-35

Então, tendo despedido a multidão, foi Jesus para casa. E chegaram ao pé dele os seus discípulos, dizendo: "Explica-nos a parábola do joio do campo". E ele, respondendo, disse-lhes: "O que semeia a boa semente é o Filho do Homem, o campo é o mundo, a boa semente são os filhos do Reino, e o joio são os filhos do Maligno. O inimigo que o semeou é o diabo; e a ceifa é o fim do mundo; e os ceifeiros são os anjos. Assim como o joio é colhido e queimado no fogo, assim será na consumação deste mundo. Mandará o Filho do Homem os seus anjos, e eles colherão do seu Reino tudo o que causa escândalo e os que cometem iniquidade. E lançá-los-ão na fornalha de fogo; ali, haverá pranto e ranger de dentes. Então, os justos resplandecerão como o sol, no Reino de seu Pai. Quem tem ouvidos para ouvir, que ouça".
Mateus 13:36-43

Essa reflexão retrata a trajetória de cada pessoa em sua busca por uma vida espiritual sadia e enriquecedora. O ser humano é formado por múltiplas dimensões: física, mental, psicológica, emocional, afetiva, sexual e espiritual. Cada um desses aspectos pede cuidado e atenção. Somos um todo conectado e, ao longo da vida, precisamos estar atentos a cada uma dessas áreas que nos formam como pessoa. A vida espiritual é um elemento tão importante quanto os demais. Muitas pessoas passam por nossas vidas deixando diferentes marcas que contribuem para o nosso crescimento. O cristão deseja encontrar-se diariamente com Jesus. Ele se revela ao ser humano de variadas formas, principalmente por meio do testemunho de vida das pessoas. Como vimos, Jesus se fez presente por meio de palavras e atitudes verdadeiras e acolhedoras que foram capazes de tocar a sua vida e de mudar a sua forma de se relacionar com Deus e com a sociedade.

Nos textos bíblicos, encontramos numerosas narrativas sobre os encontros que Jesus teve com muitos grupos e pessoas. Proponho aqui a leitura de um desses textos para nos ajudar a meditar sobre a nossa vida espiritual.

> *Jesus entrou em Jericó e estava atravessando a cidade. Morava ali um homem rico, chamado Zaqueu, que era chefe dos cobradores de impostos. Ele estava tentando ver quem era Jesus, mas não podia, por causa da multidão, pois Zaqueu era muito baixo. Então correu adiante da multidão e subiu numa figueira brava para ver Jesus, que devia passar por ali. Quando Jesus chegou àquele lugar, olhou para cima e disse a Zaqueu:*
> *"Zaqueu, desça depressa, pois hoje preciso ficar na sua casa".*
> *Zaqueu desceu depressa e o recebeu na sua casa, com muita alegria. Todos os que viram isso começaram a resmungar:*
> *"Este homem foi se hospedar na casa de um pecador!".*
> *Zaqueu se levantou e disse ao Senhor:*
> *"Escute, Senhor, eu vou dar a metade dos meus bens aos pobres. E, se roubei alguém, vou devolver quatro vezes mais".*

Então Jesus disse:

"Hoje a salvação entrou nesta casa, pois este homem também é descendente de Abraão. Porque o Filho do Homem veio buscar e salvar quem está perdido".

Lucas 19:1-10

O nome "Zaqueu" significa "puro, inocente, justo". Alguns comentadores bíblicos relacionam ainda o nome ao sentido de "baixa estatura". Isso porque a estatura não estaria relacionada à dimensão física, mas à espiritual. Esse homem era um funcionário do império romano e trabalhava como cobrador de impostos. Ele era malvisto pelos membros das comunidades judaicas da época. O texto diz que ele queria ver Jesus, mas não conseguia.

Zaqueu estava em busca de alguém que pudesse ajudá-lo em suas necessidades espirituais. Ele esperava ser visto, amado e valorizado. Foi somente quando subiu em uma figueira que conseguiu ver Jesus. Essa imagem é carregada de significado porque, ao ser chamado por Jesus a descer da figueira, ele já não era mais a mesma pessoa. A interpretação bíblica afirma que a figueira representa a cruz de Jesus. Dessa forma, esse momento foi o encontro de Zaqueu com Jesus morto e ressuscitado. Para o cristão, a experiência mais importante e verdadeira é a de passar pela morte e ressurreição de Jesus Cristo. Peçamos a Deus que sempre tenhamos o desejo de subir na cruz de Jesus e, com Ele, nos levantar cada dia com disposição e determinação para ser sinal de esperança a todos os que passarem por nossa vida.

A seca e o amor

SABINA FAUSER ALVES

Minha relação com a fé sempre foi uma relação de dúvida. Por intermédio de uma pessoa muito querida, encontrei a Igreja Anglicana, e as palavras do Reverendo pareciam fazer mais sentido para mim.

Tudo corria bem em nossas vidas até que, em 2018, começou uma época muito difícil: quase perdi meu filho e meu pai faleceu. No meio dessa tempestade, perdemos um contrato que representava 80% do faturamento que tínhamos em nossa fazenda, nossa fonte de renda. Era uma negociação tida como certa, mas a empresa foi vendida e nossos planos foram por água abaixo. Era difícil, pois eu sempre acreditava que tudo daria certo. Tempos depois desse episódio, também veio a pandemia de Covid-19.

Tudo piorou de maneira drástica. Começamos a enfrentar uma dura seca no estado de São Paulo, nossos tratores foram roubados, as maritacas comeram nossa produção de milho e a tensão aumentava a cada dia. Passávamos por um período intenso de provações.

Tivemos que cortar salários, vivíamos de economias, sem dinheiro para comprar nada. O desespero era tanto que comecei a ter crises de pânico.

Até que um dia, ao me olhar no espelho e quase não reconhecer a pessoa que estava ali, me lembrei do Reverendo. As palavras dele ecoaram em meu ouvido: "Tudo posso naquele que me fortalece".

Eu sempre havia acreditado no Senhor e repetia constantemente "o Senhor é meu pastor e nada me faltará". Enquanto pensava no Reverendo, me lembrava de cada frase dita por ele: "eu envergo, mas não quebro", "posso perder batalhas, mas vou vencer a guerra".

De repente, vinha a tão sonhada paz no coração.

Entreguei meu destino nas mãos de Deus e pensei "não vou me desesperar, me descabelar. Simplesmente vou tentar acalmar meu coração e meu espírito". Então, desceu aquela calma maravilhosa.

Desde então, comecei a viver de outra maneira. E, como por milagre, aquele contrato que tínhamos perdido chegou até nós para que pudéssemos negociá-lo.

Na vida, muitas vezes as coisas não saem como esperamos e não temos nenhum controle sobre o que virá, mas podemos controlar como reagimos a tudo. E, pedindo forças a Deus, orando com fé, conseguimos a serenidade de que precisamos para passar pelos momentos de dificuldade sem sermos atropelados pelo medo.

"Tudo posso naquele que me fortalece" tornou-se meu mantra, a frase mágica que trouxe paz ao meu coração e mudou minha vida.

Porque nem só de pão vive o homem

Ele os deixou passar fome e depois lhes deu para comer o maná, uma comida que nem vocês nem os seus antepassados conheciam. Deus fez isso para que soubessem que o ser humano não vive só de pão, mas vive de tudo o que o Senhor Deus diz.

Deuteronômio 8:3

O Livro de Deuteronômio é o último dos escritos que compõem a Torá, ou seja, a primeira parte da Bíblia judaica e cristã. "Deuteronômio" tem origem em uma palavra grega e significa "segunda lei". Ao longo do livro, Moisés é apresentado como o personagem mais importante. Ele é considerado o fundador de Israel, aquele que guia o seu povo desde a saída do Egito até a chegada à terra prometida. Ele profere palavras de ânimo e também de violência e morte. Ele diz que Deus protege as pessoas fragilizadas (órfãos, viúvas e migrantes), mas que também julga suas ações. Evidentemente, o texto está inserido em um contexto histórico bem diferente dos dias atuais.

A primeira parte desse texto diz respeito ao maná providente que os peregrinos do deserto receberam de Deus. Mas o que quer dizer "maná"? Entende-se maná como um alimento que caiu do céu em forma de chuva ou orvalho para alimentar o povo hebreu quando ele murmurava contra Deus, pedindo por comida. O Senhor Deus ouviu o clamor de seu povo e o socorreu, concedendo-lhe o maná. Se não fosse pela ajuda de Deus, a travessia do povo pelo deserto seria inviável. No Novo Testamento, o maná está associado à multiplicação dos pães e aos momentos de partilha realizados por Jesus. O próprio Jesus é o maná descido do céu para alimentar a mente, o coração e a alma do ser humano. Na oração do Pai Nosso, por exemplo,

Jesus ensina a pedir e a agir como Ele, quando dizemos: "dá-nos o pão nosso de cada dia". O mais importante que aprendemos nesse texto é que o maná é apenas um sinal. Nossa atenção e olhar devem estar no Senhor, que nos dá força e sabedoria para buscar e conquistar nosso maná cotidiano.

Na segunda parte, lê-se que "não só de pão vive o homem, mas de tudo o que o Senhor Deus diz". Essa afirmação refere-se à importância das Sagradas Escrituras para o povo de Israel. Foi Deus quem tomou a iniciativa ao se revelar e comunicar à humanidade o seu interesse por ele. Temos, hoje, muito barulho, muita gente falando sobre vários assuntos. O desafio está em saber filtrar tudo o que ouvimos e aproveitar somente aquilo que nos ajuda a ser pessoas melhores. Que possamos descobrir pessoas e ambientes que não só falem de Deus, mas verdadeiramente testemunhem a sua presença.

Mude de percurso

Nesta meditação, convido cada um de nós a sonhar e a seguir em frente, trabalhando e criando as condições para prosperar e alcançar seus objetivos.

Gostaria de propor outra passagem bíblica que nos ajuda a pensar no quanto podemos ajudar as pessoas quando estamos bem conosco mesmos.

> *Porque o Reino dos Céus é semelhante a um homem, pai de família, que saiu de madrugada para assalariar trabalhadores para a sua vinha.*
>
> *E, ajustando com os trabalhadores a um dinheiro por dia, mandou-os para a sua vinha. E, saindo perto da hora terceira, viu outros que estavam ociosos na praça. E disse-lhes: "Ide vós também para a vinha, e dar-vos-ei o que for justo."*
>
> *E eles foram. Saindo outra vez, perto da hora sexta e nona, fez o mesmo. E, saindo perto da hora undécima, encontrou outros que estavam ociosos, e perguntou-lhes: "Por que estais ociosos todo o dia?". Disseram-lhe eles: "Porque ninguém nos assalariou". Diz-lhes ele: "Ide vós também para a vinha, e recebereis o que for justo". E, aproximando-se a noite, diz o senhor da vinha ao seu mordomo: "Chama os trabalhadores, e paga-lhes o jornal, começando pelos derradeiros, até aos primeiros". E, chegando os que tinham ido perto da hora undécima, receberam um dinheiro cada um. Vindo, porém, os primeiros, cuidaram que haviam de receber mais; mas do mesmo modo receberam um dinheiro cada um. E, recebendo-o, murmuravam contra o pai de família, dizendo: "Estes derradeiros trabalharam só uma hora, e tu os igualaste conosco, que suportamos a fadiga e a calma do dia". Mas ele, respondendo, disse a um*

deles: "Amigo, não te faço agravo; não ajustaste tu comigo um dinheiro? Toma o que é teu, e retira-te; eu quero dar a este derradeiro tanto como a ti. Ou não me é lícito fazer o que quiser do que é meu? Ou é mau o teu olho porque eu sou bom?".

Mateus 20:1-16

"Assim, os derradeiros serão primeiros, e os primeiros, derradeiros; porque muitos são chamados, mas poucos escolhidos." A principal mensagem apresentada por Jesus nessa passagem diz respeito ao desejo divino de que todos se salvem. As imagens simbólicas utilizadas no texto estão carregadas de significado interpretativo.

Por exemplo, a moeda com a qual o pai de família pagou os trabalhadores representa a salvação realizada por Jesus, e que Ele oferece a toda humanidade. Em seguida, o texto fala sobre os trabalhadores que, em diferentes horas, foram convidados para ir trabalhar na vinha.

Chegado ao fim do dia, o patrão chamou a todos e os pagou igualmente, e cada um ganhou uma moeda de prata. Diante do fato, os trabalhadores da primeira hora reclamaram e consideraram injusta a atitude do homem. Da mesma forma, há pessoas em nossos dias que julgam todas as coisas a partir do seu ponto de vista. Esperam que as coisas aconteçam exatamente como elas querem. Como pessoas de fé, devemos nos alegrar por estar com Jesus desde cedo em nossa vida. O Senhor convidou, e você aceitou trabalhar com Ele.

Me fortaleço com Deus

ALEXANDRE EZARCHI

Falar sobre o transplante hepático que fiz há cinco anos parece fácil agora, mas, nos momentos que antecederam a internação, tive a certeza da presença de Deus.

Para você ter uma ideia, na minha ida a Blumenau, a ambulância quebrou no meio do caminho e eu estava todo "ligado" a ela, com aparelhos respiratórios e remédios na veia, mas fiquei intacto.

Minha relação com a fé começou desde cedo, porque vim de uma família que preza muito isso. Por isso, sempre pus a fé na frente de tudo que ia fazer. Quando conheci a Igreja Anglicana, eu iria me casar pela segunda vez, e a indicação veio por causa de um estúdio de fotografia que fez nosso casamento.

Me aproximei da Igreja e me senti tocado por Deus quando tive meu problema de saúde. Sentia a cada dia que estava sendo tocado e abençoado por Deus, e que ele não iria me desamparar.

Entre as lições que tirei daquele episódio, a principal foi haver percebido que a vida passa muito rápido e que devemos ter fé quando os problemas aparecem. Mesmo que o chão estremeça sob nossos pés.

Uma vida completa

Mesmo que o inimigo queira ver você caído
Triste, ferido e abatido, jamais se renda não se entregue,
Foi DEUS *quem escolheu você.*
Mesmo que muitos esperem para ver sua derrota
Creia que foi DEUS *quem lhe abriu a porta,*
Os planos do inimigo não vão prevalecer
Ainda que lancem pedradas para atingir você
Podes ter certeza, se você cair
A mão do SENHOR *vem para levantar você*
Creia: ninguém vai vencer um Escolhido de DEUS,
DEUS *abala a terra, move o céu para lhe dar vitória, Ele é fiel!*
DEUS *dá força aos cansados e vigor aos fracos e desanimados.*
Até os jovens se cansam, até os moços perdem
as forças e caem de tanto cansaço, mas os
que esperam no SENHOR *sempre renovam suas energias.*
Caminham e não perdem as forças.
Correm e não se cansam, sobem...
VOANDO COMO ÁGUIAS.
Isaías 40:29-31

A espiritualidade é uma das dimensões da vida humana. Desenvolver uma espiritualidade saudável pode contribuir para o crescimento de cada pessoa. Ela é mais um elemento que acompanha a nossa vida e deve ser um apoio em nossa caminhada.

Não devemos olhar para Deus como para alguém que nos cobra algo. Há muitas pessoas que se sentem assim, e aproximam-se de Deus por ter medo de alguma coisa e não pela convicção de que o Senhor as ama, cui da de todos e quer a felicidade do ser humano. A espiritualidade ou a vida de fé em uma comunidade tem de ser fruto de uma relação de reciprocidade com Deus. Reciprocidade com Aquele que é a motivação maior de tudo o que fazemos. Aproximamo-nos de Deus porque nos sentimos muito amados.

Jesus veio trazer vida plena ao ser humano. Por isso, gostaria de analisar o significado da palavra "saúde". O termo "saúde" tem origem no latim *salutis*, ou *salus*, e significa salvar, curar, livrar ou conservar a vida. Estar com saúde e possuir uma vida plena, repleta de bem-estar físico, mental, psicológico, espiritual e social, é o que todos buscamos. Essa é a proposta que Jesus fez à humanidade. Ele disse:

> *Eu afirmo a vocês que isto é verdade: eu sou a porta por onde as ovelhas passam. Todos os que vieram antes de mim são ladrões e bandidos, mas as ovelhas não deram atenção à voz deles. Eu sou a porta. Quem entrar por mim será salvo; poderá entrar e sair e achará comida. O ladrão só vem para roubar, matar e destruir; mas eu vim para que as ovelhas tenham vida, a vida completa.*
>
> João 10:7-10

Nessa passagem, Jesus usa, por mais de uma vez, a imagem da "porta". Diz "eu sou a porta" para mostrar o quanto Ele quer a realização completa das pessoas. A porta é sempre muito importante em qualquer ambiente. Ela permite entrar e sair de qualquer lugar. Com essa frase, Jesus quis indicar que Ele é o meio de acesso e a oportunidade para a humanidade se aproximar mais de Deus, de seus sonhos e do seu projeto de vida. Quando atravessamos a porta aberta por Jesus, ganhamos ânimo e motivação para avançar rumo à felicidade que almejamos. Ao mesmo tempo, quando fazemos essa experiência com

Jesus, não podemos continuar os mesmos. Muitas das ideias que possuímos, ou das verdades que solidificamos em nossa vida, são questionadas. O critério que passamos a utilizar são o amor e a misericórdia de Jesus. Somos impelidos a segui-lo e a servi-lo por meio de nossas palavras e ações. Cada pessoa pode se tornar uma porta aberta para os que estão a sua volta. Atravessar a porta aberta por Jesus traz harmonia e saúde para cada dimensão do nosso ser.

Seja semente

Sempre digo que as sementes não podem saber o que vai acontecer em seguida. Elas jamais conheceram a flor. Elas nem sabem que se tornarão flores um dia.

Somos sementes. E acabamos inseguros na vida porque não sabemos que nos tornaremos flores. Não conhecemos nosso destino.

É mais seguro ficar parado? Pode parecer. No entanto, a jornada exige de nós que nos movimentemos com coragem e sigamos, mesmo que o percurso seja desconhecido.

Os imprevistos nos tirarão o chão. Assim como a semente, vamos nos arriscando no solo, esforçando-nos para nos desfazer da nossa dura carapaça de segurança.

A semente não via perigo. A planta vê milhares.

Ela segue em direção ao Sol. E o nosso caminho é semelhante. Devemos ter coragem para seguir em frente quando a vida nos chama.

Sejamos sementes e aceitemos o campo em que cairmos. Mesmo que seja no meio de espinhos, devemos nos abrir e enxergar além para que possamos desfrutar o que nos espera.

Sempre que se vir diante de uma situação difícil, você tem uma escolha: pode procurar culpados ou enfrentar aquele desafio e se desenvolver em sua fé.

Se fugimos de um desafio da vida, ele nos encontrará na esquina seguinte, porque o que a vida quer é nos mostrar certos aprendizados.

Não tente fugir da vida. Tenha coragem para se transformar, sempre.

> *Então Jesus contou outra parábola: "O Reino dos Céus é como a semente de mostarda que alguém semeia num campo. É a menor de todas as sementes, mas se torna a maior das hortaliças; cresce até se transformar em árvore, e vêm as aves e fazem ninho em seus galhos".*
> Mateus 13:31-32; 34-35

O grão de mostarda era considerado a menor de todas as sementes. Ao fazer uso dessa imagem, Jesus estava se referindo ao Reino de Deus, que naquele momento era considerado muito pequeno aos olhos das pessoas.

Jesus era visto como mais um profeta dentre vários. Os discípulos se perguntavam: o que ele poderia fazer de diferente? De quais meios ele poderia se utilizar para lutar contra os soldados romanos? O desejo de criar um Reino de amor, misericórdia, paz e realização neste mundo parecia loucura para seus seguidores. O contexto em que eles viviam era influenciado e dominado pelo Império Romano, que impunha suas leis, regras e seus pesados impostos. A pequena comunidade de Jesus parecia não ter nenhuma chance de prosperar diante da grandeza de Roma.

Esse mesmo texto, porém, diz que o pequeno grão de mostarda cresce e se transforma em uma grande árvore onde os pássaros do céu se abrigam. Podemos nos sentir pequenos diante das situações da vida, mas a sabedoria e a bênção de Deus nos ajudam a crescer e a nos tornar fortes.

É natural que a gente ceda em vários momentos, mas também precisamos aprender a fazer valer nossos ideais e o nosso ponto de vista. Às vezes, pensamos em fazer o bem a partir do engajamento na comunidade ou de algum trabalho voluntário, mas desistimos, imaginando ser pequenos e em nada poder ajudar. Com essa parábola, Jesus ensina que podemos nos surpreender com o nosso potencial quando nos empenhamos, com amor, em segui-lo. Temos sempre a possibilidade de recomeçar e escolher o melhor para nós. Quando estamos felizes e realizados, contagiamos as pessoas que de nós se aproximam.

Fé que sustenta

ENEIDE NOVAES

Minha mãe sempre foi muito religiosa. Desde pequena, aprendi a rezar com ela, bem como essa fé que carrego hoje.

Conheci a Igreja Anglicana por acaso, quando minha filha Bruna ia se casar, em 2012. Já estava tudo marcado na igreja Nossa Senhora do Brasil, mas, por alguns motivos, ela se desencantou com a igreja e de repente não quis mais se casar lá. Desmarcou a data e foi até o buffet que abrigaria a festa para pedir sugestões de igrejas próximas do local. Eles passaram algumas opções e nós fomos visitá-las.

Algumas não tinham data livre, outras não comportavam o número de convidados. E, nessa procura, quando vimos "Catedral Anglicana de São Paulo" na lista, não achamos que a igreja fosse católica. Liguei na recepção para perguntar, e eles informaram que sim, a igreja era católica. Eu e minha filha fomos até lá para conhecer, e ela se apaixonou na hora em que entramos no estacionamento. Disse: "Mãe, é nesta igreja que eu vou me casar". Sentimos algo diferente quando chegamos lá. Uma energia boa.

Assim que entramos, conhecemos o Reverendo Aldo, que só nos deu certeza maior de que lá era o lugar certo. Isso tudo sem imaginarmos o que passaríamos dentro de alguns meses...

Faltando seis meses para o casamento, meu filho Renan, de 27 anos, sofreu um acidente de moto e faleceu na hora. Nosso mundo caiu... na época, o casamento estava marcado na Anglicana, mas não era a igreja que frequentávamos, pois moramos relativamente longe de lá. No meio disso tudo, minha filha não sabia mais se iria se casar... Dizia que não tínhamos motivos para comemorar e fazer festa. Quando tudo aconteceu, muita gente que conhecia a igreja e o Aldo nos diziam: "Vão até lá... conversem com o Reverendo, expliquem tudo o que aconteceu... Ele com certeza vai ajudar muito vocês".

Fomos até lá, conversamos com o Aldo, que nos fez acreditar que o Renan estaria, sim, presente no casamento, e que ele estaria feliz pela irmã. Foi assim que nos aproximamos da Igreja, e passamos a frequentar a Anglicana semanalmente. Tudo aconteceu tão rápido que para mim isso tudo já foi um milagre.

Senti a mão de Deus nos guiando no dia do casamento da minha filha, em 29 de setembro de 2012. Aquele acontecimento foi um ato de fé para todos nós. Porque, no mesmo momento em que eu estava feliz pelo casamento da minha filha, estávamos também despedaçados pelo meu filho. E eu senti que Deus estava ali naquele momento dando força a todos nós.

Foi um dos casamentos mais lindos a que já fui... O Reverendo Aldo soube conduzir a cerimônia do jeito perfeito: trouxe alegria para o momento, pontuando sutilmente o meu filho em algumas partes da cerimônia, deixando-o presente e nos fazendo sentir que ele estava lá. E que participava de tudo conosco!

O Reverendo conduziu a cerimônia para que fosse um dia muito feliz para todos nós, sem se esquecer do Renan. Meu maior medo era não conseguir levar minha vida adiante para ajudar minha família! Afinal, eu tinha mais dois filhos (Bruna e Higor), meu marido, Avelino, meu pai, minha mãe, e todos que precisavam de mim. Eu sabia que tinha que ficar bem para que o resto não sucumbisse.

A lição que tirei desse episódio é que a vida é muito curta. Que temos que viver todos os momentos com serenidade, força e fé em Deus! Que em um dia eu vi e abracei meu filho, e, no dia seguinte, o corpo dele já não estava mais presente... Que o presente é hoje, e que temos que vivê-lo da melhor maneira possível! Amar e ser gentil com todos a nossa volta... Porque, de repente, tudo pode mudar.

Sem Ele, não conseguimos seguir adiante.

Hoje, minha relação com Deus é muito forte! Entrego tudo nas mãos Dele. Ele sabe de tudo, e nós não sabemos de nada. Nossas vidas a Ele pertencem.

A vida continua, apesar de tudo. E temos que nos apegar a alguma coisa que nos dê esperança, força e fé para continuar.

Pai Nosso
que estais nos céus,
santificado seja o vosso nome,
venha a nós o vosso reino,
seja feita a vossa vontade,
assim na Terra como no Céu.
O pão nosso de cada dia nos dai hoje;
perdoai-nos as nossas ofensas
assim como nós perdoamos a quem nos tenha ofendido,
e não nos deixeis cair em tentação,
mas livrai-nos do mal.
Amém.

O caminho pode até ter espinhos, mas as bênçãos são maiores

Com a força que Cristo me dá,
posso enfrentar qualquer situação.
Filipenses 4:13

Essa frase, que gosto de utilizar em minhas celebrações, é extraída da carta de Paulo aos Filipenses. Ela expressa lindamente o desejo que todos temos de ser acompanhados pela presença e ajuda de Deus. Essa pequena carta de Paulo provavelmente foi escrita entre os anos 60 e 62 d.C., enquanto o apóstolo estava preso em Roma. A cidade de Filipos foi fundada por Filipe da Macedônia, pai de Alexandre, o Grande, em I a.C. Foi lá que o apóstolo anunciou o Evangelho de Cristo pela primeira vez em território europeu.

A comunidade dos filipenses é citada várias vezes no livro de Atos dos Apóstolos. Diz-se que, em Filipos, a negociante de púrpura se converteu a Cristo (At 16:14-15) ao ouvir a pregação de Paulo; ali também o chefe da sinagoga abraçou a fé em Jesus (At 16:23); foi lá que Paulo e Silas foram açoitados (At 16:22) e que, assustadas, as autoridades locais pediram que se retirassem (At 16:38). Aconteceram ainda muitos outros testemunhos e conversões a partir da pregação do Evangelho, que Paulo chamou de sua "coroa" (Fl 4:1).

De acordo com os estudiosos da Bíblia, mesmo estando na prisão, Paulo expressa nessa carta sentimentos de esperança, confiança, alegria e gratidão por tudo e por todos que o ajudaram ao longo de sua trajetória missionária. O apóstolo afirma: "As minhas cadeias se tornaram conhecidas em Cristo por todo o Pretório" (Fl 1:13). Ou ainda: "Na primeira vez em que apresentei a minha defesa ninguém me assistiu, todos me abandonaram. Que isto não lhes seja imputado. Mas o Senhor me assistiu e me revestiu de forças" (2 Tm 4:16-17).

Paulo inicia a carta referindo-se às consolações a respeito da prisão, indicando à comunidade que não deveriam se perturbar, mas ficar alegres. Pede ainda que todos permaneçam unidos na prática da humildade e da concórdia para poder vencer os desafios e os inimigos.

Essa passagem nos ajuda a refletir sobre a nossa própria caminhada de vida, sobre os desafios que enfrentamos diariamente, sobre as prisões que nos são impostas e aquelas que criamos para nós mesmos. Em nosso cotidiano, deparamos com muitos desafios, como a competição no trabalho, nos estudos, na aparência, entre tantos outros problemas em tantas outras áreas da vida. Assim, encontrar pessoas que queiram o nosso bem, que torçam por nós e nos incentivem a seguir, é algo maravilhoso! É sentir em nós a força de Cristo para enfrentar e superar qualquer situação. *Senhor, dai-nos a graça de ser sinal da tua presença a todos que se aproximam de nós.*

Minha vida sempre foi repleta de pequenos milagres. E eles parecem florescer diante de meus olhos à medida que vou entendendo minha missão. Muitas vezes, por exemplo, estou à disposição de um doente em um hospital, mas Deus na verdade me colocou ali para consolar a pessoa do quarto ao lado.

Por isso observo sempre os sinais. E não fico distante deles. Ao contrário: deixo-me tocar pelas maravilhas e bênçãos que a vida traz.

Um de meus trechos favoritos da Bíblia diz respeito à aflição.

Sabemos que Jesus não julgava os oprimidos, nem os aflitos, e os acolhia com a mesma facilidade.

Vinde a mim,
todos os que estais cansados e aflitos,
e eu vos aliviarei.
Tomai sobre vós o meu jugo
e aprendei de mim,
porque sou manso e humilde de coração;
e achareis descanso para a vossa alma.
Porque o meu jugo é suave,
e meu fardo é leve.
Mateus 11:28-30

Hoje sou capaz de enxergar a dor de cada coração e fico frente a frente com pessoas que diariamente me apresentam situações desafiadoras. Se eu não sustentasse esse peso com alguma leveza, jamais me aproximaria das pessoas. E não estou falando de uma aproximação triste e melancólica ou de gestos artificiais. Estou falando de agir com simplicidade. Isso me traz uma nova perspectiva da vida.

Muitos pedem conselhos e querem escutar coisas que jamais serão ditas por mim.

"Se tem uma montanha diante de nós, Deus vai tirar?", quis saber, certa vez, uma fiel no meio de uma missa.

Esclareci que aquilo era uma grande mentira. Que precisamos lutar, subir e atravessar. "Deus pode te dar forças para subir a montanha, mas jamais vai tirar ela da sua frente."

A fé move? Move. Mas você precisa fazer a sua parte.

Você precisa se aceitar e aceitar a verdade das pessoas que estão ao seu redor.

Certas noites, tudo dentro de nós nos transforma. Nos tornamos novos quando, de repente, acontece uma arrumação dentro de nós. É quando nos libertamos da dor, e entendemos por que ela entrou sem pedir licença. E então nos dedicamos aos pensamentos que nos enobrecem. Olhamos em direção ao futuro com gratidão e perseverança.

É no ato de atravessar o tempo, que não passa indiferente, que conseguimos recomeçar e subitamente entender o significado das quedas, as mesmas quedas que nos prepararam para as vitórias.

É importante entender que cada momento de dor tem um significado. Todos somos capazes de nos beneficiar do aprendizado de momentos que nos fizeram estagnar. Mas, mesmo assim, muita gente não consegue se libertar do desespero provocado pelo sofrimento. Algumas pessoas perdem o combate e não são capazes de virar a página ou mudar as próprias atitudes para tentar encarar a vida de outro modo.

Em minha experiência acompanhando casos de pessoas que estiveram diante de mim lavando suas dores e tentando cicatrizá-las, transformando-as em algo produtivo para que pudessem ser transmutadas, percebo que também existem pessoas que se apegam à dor.

E o apego à dor é bem pior que a dor em si. Ele camufla a carência, disfarça uma necessidade de ser tratado como vítima e receber uma atenção diferenciada.

Embora a dor tenha seu papel, muitos acabam naufragando nela. São pessoas que, mesmo quando conseguem mudar as condições de vida, sair da condição que as afligia, vivem se fazendo de coitadas porque querem atenção. Temos que perceber que não há nenhuma virtude no "coitadismo". Fazer-se de vítima é bem diferente de ser resignado ou paciente na dor.

Miremo-nos naqueles que recomeçam, que viram a página, que distribuem sua alegria de viver. Há muitos que recomeçam a cada dia. Chegam à Catedral e trazem seus testemunhos, generosamente, na tentativa de inspirar outras pessoas a encontrar a saída para seus emaranhados e problemas. Estejamos entre eles, e não entre aqueles que se vitimizam indefinidamente.

Ligação com Deus

BIANCA CANALDA

Conheci a Igreja Anglicana por intermédio da minha sogra. Ela tinha perdido um filho de forma trágica e estava desesperada quando encontrou conforto espiritual ali.

Sua mudança já era visível quando ela nos convidou a frequentar a Igreja. Eu também percebi logo que havia ali uma sensação de amor e fé. Era onde eu me sentia bem. E me sentir bem era justamente o que estava precisando.

Na época, buscava um lugar cujos valores estivessem próximos daquilo que eu vinha procurando. Empolgada, eu quis participar das missas e dos projetos voluntários. Foi assim que comecei a me envolver em um projeto chamado "Festa na creche", que acontecia no último sábado do mês, quando todos se reuniam. Acabei indo a uma creche distante, e fiquei encantada observando as crianças felizes e educadas, tão amáveis, mesmo tendo tão poucos recursos. Aquela realidade, tão diferente da minha, despertava em mim uma vontade de chorar. Eu ficava comovida e agradecia tudo que tinha.

Desde então, comecei a me aproximar cada vez mais da Anglicana. Durante dez anos, fui responsável pelo lanche das crianças. Um dia o Aldo me convidou a ser ministra leiga e passei a frequentar as missas de um outro lugar. Era uma grande responsabilidade.

Enquanto isso, minha vontade de ser mãe só crescia. Eu queria engravidar, ver a barriga crescendo, mas durante cinco anos as tentativas foram infrutíferas, mesmo eu passando por diversos médicos e tratamentos. Até que me encaminharam a um médico que identificou um problema nas minhas trompas, algo que dificultaria a gravidez natural. Daquele dia em diante, começaram as fertilizações.

Enquanto eu sonhava com a gravidez, o Reverendo me dava duas hóstias: dizia que uma era para mim, a outra, para meu filho que estava para vir.

Nesse período, todos oravam por mim. E certo dia, enquanto participava de um curso, descobri que estava grávida.

Passado o período mais delicado da gestação, contei a novidade a todos de uma vez só, em uma missa para 120 pessoas. Era preciso agradecer tantas pessoas que tinham orado por mim enquanto eu dava comunhão a elas, e que me diziam "vai dar certo!".

Na mesma época, meu gestor pediu demissão e começou uma turbulência na empresa. O novo gestor não via a gravidez com bons olhos e me deixou na geladeira, me destituindo da minha função. Minha vida profissional caminhava para o buraco, mas eu persistia.

Quando a Rafaela nasceu, tinha icterícia, mas teve alta médica em alguns dias. Como ela não ganhava peso e o olho continuava amarelo, levei a pediatras para que a analisassem, mas nenhum me dizia nada novo. Até que, depois de dois meses, um deles disse que não se preocupava por ela estar com os olhos amarelos, e sim pela coloração dela estar verde. "Vá imediatamente ao hospital", disse ele.

Chegamos ao hospital e, depois de uma bateria de exames, veio a confirmação: ela tinha um problema no fígado. Precisaria ter sido operada antes de fazer dois meses.

As palavras "cirurgia e transplante" ecoavam em minha mente enquanto eu tentava me acalmar. Foi dessa forma que descobrimos o que estava acontecendo com nossa filha. Hoje ela não libera a bile, que fica no fígado como se ela tivesse cirrose.

A Rafaela é abençoada. Tem acompanhamento médico com a melhor hepatologista do Brasil e, apesar de ser uma criança pequena, é feliz.

Ela toma remédio todos os dias. Não sabemos se um dia precisará de transplante, mas sigo pensando nas palavras do Reverendo Aldo: "Tudo posso naquele que me fortalece", e dali tiro forças todos os dias para continuar.

Na época em que ela ficou internada, e ficava no meu colo, eu cantava as músicas da Igreja, até que certo dia todas as enfermeiras começaram a cantar as músicas comigo. Eu senti Deus ali conosco, se manifestando da forma como era possível.

Fui demitida daquela empresa – no entanto, fui recontratada uma semana depois, porque pedi para Ele me iluminar e me deixar no caminho certo. Fui para uma empresa que sabia da minha história, me acolheu e me apoiou.

Deus se manifesta de muitas formas. E Ele é tudo na minha vida. É Ele quem me rege, quem me orienta, quem não me deixa perder a esperança mesmo nos momentos mais difíceis. Ele me trouxe meu milagre, minha filha, meu presente mais divino.

O que eu diria para quem estiver com o coração aflito é que abra seu coração para ouvir Deus e ouça. Ele está perto de nós o tempo todo.

O Senhor é a minha luz e a minha salvação;
de quem terei temor?
O Senhor é o meu forte refúgio;
de quem terei medo?
Quando homens maus avançarem contra mim para destruir-me,
eles, meus inimigos e meus adversários, é que tropeçarão e cairão.
Ainda que um exército se acampe contra mim, meu coração não temerá;
ainda que se declare guerra contra mim,
mesmo assim estarei confiante.

Uma coisa pedi ao Senhor, é o que procuro:
que eu possa viver na casa do Senhor todos os dias da minha vida,
para contemplar a bondade do Senhor
e buscar sua orientação no seu templo.
Salmo 27:1-4

Onde vai brotar o amor?

Precisamos nos condicionar, a partir da fé e da espiritualidade, e descobrir onde vai brotar o amor naquela dor que tivemos. E parar, de uma vez por todas, de cair em ciladas da autossugestão.

É comum, em minhas missas, eu passar a mão pelo corpo. As pessoas me perguntam o porquê. Eu logo brinco: "para sair a inveja e a *nhaca*". Elas rebatem: "e funciona?" Eu completo: "se você acreditar, sim".

Aquilo que a gente alimenta em nosso cérebro tem um efeito bombástico. Por isso temos que olhar bem para o que sugerimos a nós mesmos. O que consumimos como informação e crença.

Vejam o poder da autossugestão. Conseguimos ver o que queremos, onde queremos, mesmo que esse lugar seja absolutamente improvável. Acabamos buscando comprovações para aquilo que queremos provar a nós mesmos.

Por isso, se é para acreditar em algo, acredite que Deus não quer ver você sofrer. Que ele quer ver você alegre, feliz, virando a página a cada dia.

O médico Herbert Benson, da Faculdade de Medicina de Harvard, afirma que existe um agente inflamatório chamado interleucina-6, associado a infecções crônicas, diabetes e câncer. Segundo esse médico, ao rezar e meditar seguidas vezes, o paciente atinge um estado de relaxamento capaz de reduzir o impacto dos hormônios no organismo. E foi comprovado que pessoas que raramente iam à igreja tinham altos níveis de interleucina-6 no sangue, enquanto aqueles que frequentavam alguma religião geralmente tinham índices mais baixos.

Apesar de apreciar esses estudos, eu não precisava deles para acreditar que a fé tem um poder muito grande.

Há quem diga que orar causa mudanças no cérebro humano. Entre as orações, talvez a que mais fortaleça a fé seja o Salmo 91.

Aquele que habita no esconderijo do Altíssimo, à sombra do Onipotente descansará.
Direi do Senhor: Ele é o meu Deus, o meu refúgio, a minha fortaleza, e nele confiarei.
Porque ele te livrará do laço do passarinheiro, e da peste perniciosa.
Ele te cobrirá com as suas penas, e debaixo das suas asas te confiarás; a sua verdade será o teu escudo e broquel.
Não terás medo do terror de noite nem da seta que voa de dia.
Nem da peste que anda na escuridão, nem da mortandade que assola ao meio-dia.
Mil cairão ao teu lado, e dez mil à tua direita, mas não chegará a ti.
Somente com os teus olhos contemplarás, e verás a recompensa dos ímpios.
Porque tu, ó Senhor, és o meu refúgio. No Altíssimo fizeste a tua habitação.
Nenhum mal te sucederá, nem praga alguma chegará à tua tenda.
Porque aos seus anjos dará ordem a teu respeito, para te guardarem em todos os teus caminhos.
Eles te sustentarão nas suas mãos, para que não tropeces com o teu pé em pedra.
Pisarás o leão e a cobra; calcarás aos pés o filho do leão e a serpente.
Porquanto tão encarecidamente me amou, também eu o livrarei; pô-lo-ei em retiro alto, porque conheceu o meu nome.
Ele me invocará, e eu lhe responderei; estarei com ele na angústia; dela o retirarei, e o glorificarei.
Fartá-lo-ei com longura de dias, e lhe mostrarei a minha salvação.

Surpresas da vida

MARCOS PRADO

Minha relação com a Igreja Católica sempre foi muito intensa. Cresci nas missas semanais da Nossa Senhora do Perpétuo Socorro, conduzidas pelo Monsenhor Gonçalvez em São José do Rio Preto.

Meus pais eram ministros da Eucaristia e palestrantes dos encontros de casais. Desde cedo, eu os questionava sobre o real sentido da vida.

Com apenas 4 anos de idade, eu pensava: "por que estamos vivos?". Aquela pergunta pulsava dentro de mim. Quando entrei na escola, pensava comigo mesmo: "o que existiria se eu não fosse criança?", e questionava o fato de ter de ir à escola.

Sentia uma atração infinita pelo mar, pelos animais e por todos os mistérios da natureza. Em meu coração, sentia que tudo era justo e sabia da existência de um Criador que guiava toda a existência.

Por isso, quando cresci, fui estudar e conhecer outras religiões. Durante 22 dias, peregrinei sozinho pela Índia, visitei o Egito e descobri uma coisa: Deus é o mesmo para toda a humanidade.

Tudo se resume a amar a Deus sobre todas as coisas e ao próximo como a si mesmo. As religiões são meros "CNPJ" criados pelos homens para tentar experienciar o mesmo criador.

Em 2012, após ficar noivo e receber a indicação de um amigo em comum com minha noiva, começamos a frequentar missas dominicais na Igreja Anglicana ao meio-dia. Gostávamos do alto astral, da energia positiva e da interpretação contemporânea, engajada e atualizada do Reverendo Aldo.

Com toda a sua irreverência, o Reverendo celebrou na Catedral nosso lindo e inesquecível casamento. Aquilo foi tão marcante para nós que decidimos levar toda a família para frequentar a Igreja. E, nos anos seguintes, começamos a trabalhar lá como voluntários.

Enquanto isso, minha esposa engravidou. Estávamos felizes com a gestação de nosso primeiro filho, mas tivemos problemas no parto. Theo nasceu em julho de 2017, e minha esposa teve um quadro desconhecido de pré-eclâmpsia. Com uma cesárea de urgência, o nascimento foi conturbado e ele apresentou uma apneia severa, sendo levado à UTI.

Nosso Theo ficou 21 dias internado por conta de um diagnóstico tardio de hiperinsulinismo, que causava hipoglicemia crônica e intensa desde seu nascimento. Em razão disso, tinha que receber soro intravenoso com altas concentrações de glicose. E, como as veias de um recém-nascido são muito finas, precisaram fazer um acesso venoso central. Nesse procedimento, acabou sendo gerado um coágulo, causando uma convulsão e um AVC isquêmico na artéria cerebral média.

Desesperados na UTI neonatal, descobrimos que a medicina humana não conhecia nada e controlava muito pouco a realidade da vida. Os médicos não tinham respostas, sobravam dúvidas e havia causas hipotéticas, enquanto faziam uma série de exames para especular o que acontecia com nosso filho.

Nada trazia paz aos nossos corações. Foi quando o milagre da fé começou a acontecer em nossas vidas. Passamos a receber energias, mensagens e ligações telefônicas de todos os grupos de oração da Catedral Anglicana de São Paulo, e certo dia o próprio Reverendo Aldo foi nos dar uma bênção em uma visita ao Théo na UTI.

Naquele dia, sentimos muita luz e fé em nossos corações. Passamos a viver um dia de cada vez, com gratidão na alma e a certeza da vitória multiplicada por mil.

As ligações diárias de familiares e amigos, torcendo e orando pelo Theo, nos alimentavam a cada dia.

Quando descobrimos que a única medicação existente para o diagnóstico de hiperinsulinismo não era fabricada no Brasil, mandei uma mensagem em um grupo de WhatsApp e um senhor judeu, cuja esposa acabara de perder o primeiro filho do casal em um aborto espontâneo, respondeu no mesmo instante, dizendo que sabia quem teria o remédio de que eu tanto precisava.

Cerca de trinta minutos depois, recebi o remédio no hospital a preço de custo. Percebia claramente como as teias da força da vida eram inesquecíveis e imprevisíveis. E como a vida era um milagre diário.

Contra todas as previsões médicas, nosso Theo teve alta do hospital uma semana após o AVC. Cresce saudável há quatro anos, sem nenhuma sequela, com perfeito desenvolvimento. O menino é um verdadeiro milagre.

O medo de que meu filho não sobrevivesse ou tivesse sequelas irreversíveis era grande demais. Cheguei a pedir a Deus em minhas orações que me levasse no lugar dele. Mas o Criador tinha planos maravilhosos para nossa família.

Hoje sinto que posso confiar tudo a Ele. Minha fé é mais fortalecida depois de tudo que passamos, e estou alegre e feliz por estar vivo. Não desistiremos jamais.

Eu acreditei no Senhor, eu sou mais que vencedor. O Senhor é meu Pastor e nada me faltará.

Tudo posso naquele que me fortalece

Não alimente em seu coração o medo, a culpa, a escassez. Reconheça e agradeça aos bens essenciais, que são gratuitos e abundantes em nossas vidas. O ar, a água e todos os recursos naturais.

Nunca perca a esperança, a fé, a gratidão a Deus em suas vidas. Não importa quão profunda seja sua dor, ela é efêmera. Tenha certeza: ela irá passar.

Sustente a coluna ereta, a mente quieta e o coração tranquilo. Está tudo certo e em seu devido lugar. Confie. Só acontece o melhor a cada um. Nada poderia ser mais justo. Deixe o Senhor Tempo agir. Ele cura tudo. No caminho, aproveite bem a viagem. Busque bons exemplos, inspiração, otimismo e confiança à sua volta. Na natureza, no Livro de Jó, na justiça divina na Terra. Tudo dará certo. Sempre. A evolução é o princípio e objetivo da vida do homem na Terra. O passo seguinte é a solidariedade.

Só nos resta reconhecer a perfeição da criação e ajudar quem precisa, como o criador nos ajuda com o que precisamos desde o início dos tempos – e assim será por toda a eternidade.

Deus é o nosso refúgio e a nossa fortaleza,
auxílio sempre presente na adversidade.
Por isso não temeremos, embora a terra trema
e os montes afundem no coração do mar,
embora estrondem as suas águas turbulentas
e os montes sejam sacudidos pela sua fúria. Pausa
Há um rio cujos canais alegram a cidade de Deus,
o Santo Lugar onde habita o Altíssimo.
Salmo 46:1

Como é seu encontro com o oceano?

A mensagem diz que o rio, quando nasce, vai crescendo, viajando por montanhas, vales e prados e lugares com o seguinte pensamento "Como será meu encontro com o oceano?". E ele vai com medo.

O medo é gerado porque o oceano é grande. O oceano é aquela imensidão azul e infinita. E o rio treme. Fica pensando: "O que faço? Vou desaparecer com o oceano tão grande...". Ele passa pelos prados, atravessa florestas, cai entre as pedras, e, quando se aproxima do oceano, descobre que o oceano é água como ele.

E ele compõe o oceano.

Assim somos nós.

Temos um medo enorme de entrar nesse oceano...

É tão bom repousar no Senhor... A Bíblia diz "O Senhor é meu pastor e nada me faltará".

Então, vá para esse oceano. Não tenha medo.

O medo nos impede de caminhar, e às vezes não sabemos fazer escolhas. Ficamos de mãos atadas.

Sempre digo nas missas que, quando uma pessoa vai a um encontro, quando vai assinar papéis de divórcio, ou seja, em qualquer situação que exija coragem, ela deve repetir esta frase: "O Senhor é meu pastor e nada me faltará". E deve pensar: "Senhor, quero alguém que me escute, me abrace, entenda meus defeitos. Que o Senhor ensine a arrancar a página que precisa ser arrancada, quando não bastar apenas virá-la".

É dessas vitaminas para a alma que nos alimentamos. São elas que nos trazem força, que nos fazem entender que existe um propósito maior para a vida. E, quando entendemos isso, confiamos que Deus está presente em tudo. E que devemos confiar naquele que nos ama como filhos.

A vida é uma melodia. Muitas vezes não sabemos o tom certo, ou desafinamos, às vezes os sons parecem incompreensíveis. Em certas ocasiões, perdemos o ritmo, reagimos à música e não identificamos a complexidade da partitura. Nessas ocasiões, não conseguimos perceber que aquele som traz uma nota perfeita para aquele momento.

Cada momento da vida pede uma determinada canção.

Uma vez que aprendemos a dançar cada ritmo, entoar a canção conforme a música, sem brigar com ela, passamos a viver melhor nossos dias, começamos a compreender o significado e a força da vida, entendendo os altos, os baixos, os agudos e os graves.

Quem estava ali em busca de auxílio espiritual queria fortalecer a fé, que por vezes capenga quando mais precisamos dela. É diante dos desafios da vida que as pessoas se curvam e perguntam se conseguem improvisar em uma música que desconhecem. Ao lado dessas pessoas eu enxergo Deus, reconheço em cada uma delas a força necessária para o combate. E, geralmente, elas só precisam de um empurrãozinho para acreditar.

Muitos de nós têm missões espetaculares. Missões que fazem acordar todos os dias e dar algum sentido à vida. Missões que transformam com gestos de grandeza. Nas andanças da vida, enquanto vou encontrando e desencontrando da morte através de visitas que ora levam esperança, ora levam palavras finais, percebo que certas pessoas são um bálsamo na cura de outras.

Deus está olhando por nós em todos os momentos, mas muitos de nós teimam em não enxergar ou aceitar que os desígnios Dele podem ser diferentes daquilo que acreditamos que seja bom para nós.

Temos uma visão limitada do Todo e ficamos o tempo todo pautando nossas decisões pelo que achamos que vai acontecer, acreditando que sabemos o que é melhor.

Todos precisam caminhar em uma determinada direção, mas precisamos fazer a nossa parte. E, se fazemos a nossa parte sem Deus, acabamos ficando sem sustentação. Como quando nos sentamos numa cadeira sem um dos pés. Ela cai.

O desespero e a paz

LUCIANA MAROCCHIO

Venho de uma família católica, na qual nunca me encaixei muito bem. Minha fé sempre existiu, mas eu acreditava em um Deus "próprio"... um Pai bondoso que nos ama, cuida de nós. Não tinha religião específica. Conheci a Igreja Anglicana em um casamento em 2005, que foi realizado pelo Reverendo. Desde então pensava em voltar, mas só em 2013 tomei a decisão de participar de uma celebração dominical.

Na época, eu já havia perdido um primeiro bebê. Na segunda gestação, tive um prognóstico péssimo devido a alterações observadas no primeiro ultrassom morfológico: o bebê nasceria com alguma síndrome incompatível com a vida ou talvez não vingaria. No final de missa, fui desesperadamente buscar um conselho do Reverendo.

Contei rapidamente o que estava acontecendo. Ele me olhou, pôs a mão em minha barriga e disse: "Amada, tenha fé! Vamos pedir que esse bebê venha se tiver chances de viver bem". Não lembro o fim da conversa, fiquei fora do ar... Me senti tocada por Deus... e tive certeza de que meu bebê viria bem...

Bem perto do Natal, fiz outros exames. Nada mais estava errado!

Mas os medos vieram. Medos de ter uma criança doente, de não conseguir cuidar dela, de não a ver se desenvolver, de não ouvir suas palavras, de não acompanhar suas travessuras, de não sentir que ela poderia se cuidar sozinha quando eu estivesse ausente.

Eu sabia que a minha fé precisava crescer, que Deus cuidaria de tudo, que Deus era o médico maior. E que nós nada sabíamos.

Como profissional da saúde, do alto da minha arrogância, achava que o milagre da cura, quando todos os exames provavam a doença, não existia de verdade.

Mas minha relação com Deus mudou muito. Hoje Ele está comigo a todo instante. Não só na hora da missa ou da oração.

Meu Pai, que me guia, que me conduz. Que nos protege. Coloco minha vida e a da minha família em suas mãos.

"Você não está sozinha... Deus está com você! Tenha certeza de que os seus planos são perfeitos!"

A estabilidade

Ora, a fé é a certeza de coisas que se esperam,
a convicção de fatos que não se veem.
Hebreus 11:1

Precisamos da estabilidade espiritual que a fé em Deus nos dá. A estabilidade pode vir em qualquer plano – físico, espiritual, familiar. A fé, por sua vez, é importante para que possamos ter a segurança de que seremos cuidados.

Uma criança só repousa no colo de sua mãe porque confia nela. Sabe que está sendo olhada, cuidada, amada.

Na Igreja, costumo dar exemplos práticos de como agimos muitas vezes em nossas vidas.

Um cidadão falava para todo mundo: "Minha fé está no meu contador. Eu acredito nele. Ele sabe da minha vida toda e me ajuda a burlar o fisco e até enganar minha esposa se eu tiver problema. Nele eu confio".

Até que certo dia os dois foram fazer um safári e se perderam do grupo. Ficaram no meio da floresta, sem saber a direção para onde deveriam ir, e logo surgiu um animal de grande porte. Conforme aquele bicho se aproximou, tomaram um grande susto – era um urso. Seus pelos eram pretos e ficavam iluminados com a fresta de luz que passava entre as árvores. Sua expressão era a de quem estava faminto.

Enquanto pararam diante do animal, que babava e os encarava antes de atacá-los, o advogado calmamente abriu a mochila, colocou um tênis de corrida e despertou a atenção do amigo.

"O que você está fazendo? Não sabe que jamais escaparemos desse urso?"

O homem riu. "Sei disso. Mas pelo menos quero correr mais rápido que você. Enquanto ele estiver ocupado devorando você, tenho tempo suficiente para fugir".

Observe a sua vida e tente encontrar conclusões dentro de cada fato isolado. Tenha fé de que nada acontece por acaso. Deus está sempre guiando sua trajetória para que aconteça o melhor.

O milagre

JULIANA REZENDE

No dia em que meu pai teve um segundo infarto, que o levou para a UTI, minha família entrou em pânico. Ele tinha 10% de chances de sobrevivência, Depois de 20 dias que ele estava internado, estávamos todos sendo confortados pelos médicos, que diziam que deveríamos nos preparar para o pior.

Foi então que, sabendo que não havia mais nada que a medicina pudesse fazer, fomos à Igreja. Meus pais sempre foram bastante religiosos, e eu sempre acreditei que nada acontece em nossa vida sem o consentimento Dele.

Era uma noite de quarta-feira e haveria uma missa de orações. Eu e meus tios fomos para o tal grupo de oração com o coração sangrando por dentro. Estávamos entregues às orações.

Durante a oração, o Reverendo Aldo percebeu nossa preocupação, e que a coisa estava séria. E quis orar por meu pai.

Naquele momento, nos sentimos tocados. E, enquanto lágrimas corriam dos meus olhos, ele me perguntava:

"O que você quer que aconteça?".

E eu só respondia: "Eu quero que ele fique bem".

Ao mesmo tempo, não queria que ele ficasse entrevado em uma cama.

Então, entreguei de coração a situação para Deus e pedi que o melhor acontecesse.

O grupo fez uma oração muito linda. Sem saber, minha mãe, que estava na UTI, naquele momento disse: "Ele vai sair daqui andando".

Todos voltamos para casa recordando cada lembrança de meu pai, um homem de muita fé, alegria, sempre de bem com a vida.

Até que, uns dias depois, ele foi desentubado e tudo se estabilizou. O médico, sem saber o que dizer, trouxe a palavra mágica: "Nem sei o que dizer a vocês. Foi um milagre".

Era um milagre. Não havia mais nada que a medicina pudesse ter feito.

Aquele medo de perder meu pai simplesmente se dissipou. O medo do que iríamos enfrentar ficou para trás.

A maior lição que tirei desse episódio foi que temos que entregar a Deus, de coração, aquilo que nos aflige. E sempre acreditar que o melhor vai acontecer, e que Ele está olhando por nós.

Quanto mais a gente tem fé, mais milagres acontecem em nossas vidas. Deus é meu amigo. Sempre me guarda, e meu futuro está nas mãos Dele.

Jesus olhou para eles e respondeu: "Para o homem é impossível, mas para Deus todas as coisas são possíveis".

Mateus 19:26

Falando sobre milagres

Milagres são comuns na Bíblia. E podem acontecer com mais frequência do que imaginamos. O grande problema é que nossa mente está obcecada por acontecimentos reais, que podem ser explicados, por coisas que podemos ver, por resultados e exames. E, quando os milagres acontecem, os médicos ficam perplexos, dizendo "não sei explicar o que houve".

Tenho todo o respeito pela medicina, mas acredito que muitas coisas não podem ser tocadas pela mão do homem. Apenas com a interferência divina é que essas coisas podem se transformar. Por isso, se estiver passando por um momento difícil que não sabe como pode ser resolvido, apenas entregue nas mãos de Deus. Mas não entregue com uma das mãos. Entregue com as duas. Acredite: Ele sabe solucionar aquilo de forma muito mais rápida e eficaz.

Deus está olhando por nós, mesmo que muitas vezes nos desconectemos de nossa fé. Esse estado de desconexão nos traz insegurança, nos deixa como barquinhos no meio de uma tempestade no oceano.

A vida muitas vezes nos joga no chão para que saibamos levantar. Ou para que enfim tenhamos humildade para pedir ajuda.

Ninguém quer nosso mal. E é assim que devemos pensar, sempre: que os milagres são ações de Deus que ocorrem em nossas vidas quando nos abrimos para eles. Quando acreditamos, quando fortalecemos nossa fé e ficamos mais positivos, ativos, acreditando de verdade nas mudanças.

Não se deixe estremecer por eventos difíceis. Se eu repito: "Tudo posso naquele que me fortalece", é porque acredito em milagres, é porque acredito que a mão de Deus está agindo sobre nós o tempo todo. E tudo que precisamos fazer é acreditar e entregar nossos problemas, confiando que o caminho, mesmo que pareça tortuoso, geralmente nos leva para um lugar melhor ou traz um aprendizado. Se sofremos, é porque estamos resistindo a esse aprendizado.

Não sofra. Entregue e confie: nada é impossível quando temos fé. Acredite que curas, mudanças em eventos financeiros, melhoras repentinas, tudo isso parece coisa de filme, mas é realidade.

Jesus disse que todos temos esse poder, mas não acreditamos. E que nossa fé é muito pequena. Será que um dia acreditaremos no que Ele nos ensinou?

Também caio muitas vezes, mas, sempre que vejo relatos de fiéis que ajoelharam naquela catedral e abriram seus corações a Deus pedindo que as soluções viessem, entendo como esse poder é inexplicável.

Milagres são milagres porque são inexplicáveis. Mas, quando você tem fé, sua mente colabora para que tudo seja possível e não atrapalha o processo natural do corpo de se autocurar, ou mesmo de atrair oportunidades incríveis para que você saia de uma situação terrível. Tenha fé e atraia milagres em sua vida.

Para todo mal, a cura

RENATO NAVARRO

Sempre acreditei que um ser supremo, que defino como Deus, estava guiando nossas vidas. Mas foi só em 2003, quando me casei pela segunda vez, que passei a frequentar a Igreja. Para ser mais específico, a Anglicana.

Desde o início, senti uma paz interior muito grande. Costumo dizer que ir às celebrações acalma minha alma diante de todas as turbulências.

Nesse tempo todo, passei por três situações terríveis: me divorciei e, dois meses depois, fiquei desempregado, com todas as obrigações financeiras, e sozinho. Não consegui me manter, perdi tudo e fui morar de favor na casa de amigos. Foi nessa fase que senti que todo o meu suporte emocional vinha dessa calma que sinto quando estou na missa ouvindo a palavra de Deus e sou tocado por ele.

Então passei a pedir, mas também a agradecer por tudo que eu tinha, mesmo naquele momento.

Tudo que eu queria era uma companheira que fosse uma parceira para toda a vida (eu já tinha passado por dois casamentos) e um novo trabalho. Parece difícil, né?

Só que aconteceu.

Novamente fui agraciado. Após seis meses, consegui um novo trabalho. Em seguida, conheci minha atual esposa, com quem se sinto plenamente feliz, conforme havia pedido em minhas orações.

Porém, houve mais uma reviravolta. Em 2018, fui diagnosticado com leucemia, bem quando novamente perdi o emprego e fiquei sem plano de saúde. Passei a fazer o tratamento no SUS, e confesso que não foi nada fácil.

Precisei me apegar à minha fé para suportar toda essa fase. Nunca perdi a certeza de que Deus me acolheria para que o melhor acontecesse.

E novamente, em 2020, depois de dois anos de tratamento e, conforme os exames, caminhando para a cura, tive uma recaída! Pedi a Deus para me dar força para suportar o que viria pela frente (nesse momento já estava com um novo plano de saúde) e conseguir realizar tudo de novo, agora com a necessidade de um transplante de medula em um hospital privado. Foram 122 dias de internação. E, há 35 dias, estou em total recuperação.

Meu maior medo era não conseguir ver meus filhos crescerem, mas a lição que tirei desse episódio é que não importa o que você passa, não importa qual seja a sua dor ou seu problema: se tiver convicção e fé verdadeira, Deus não deixará você passar pelo que não consegue aguentar.

Hoje realmente sinto que tudo posso naquele que fortalece, não tenho medo de enfrentar nenhum problema, pois tenho em Deus minha maior fortaleza!

Tenha fé, acredite, faça tudo que for necessário para superar o momento. Deus fará a parte Dele.

Certamente ele tomou sobre si
as nossas enfermidades
e sobre si levou as nossas doenças;
contudo nós o consideramos
castigado por Deus,
por Deus atingido e afligido. Mas ele foi traspassado
por causa das nossas transgressões,
foi esmagado por causa
de nossas iniquidades;

o castigo que nos trouxe paz
estava sobre ele, e pelas suas feridas
fomos curados.
Isaías 53:4-5

Amar sempre

Nada aproxima mais as pessoas que o amor. E amar é uma brincadeira tão simples. Nos privamos do amor, deixamos de compartilhar gestos de amor e acabamos secando como frutos que não amadureceram e apodrecem.

Amor é para ser compartilhado. E, quando ficamos muito tempo sem conseguir amar, sem saber expressar o amor, começamos a deixar a tristeza nos abater.

Este é um dos segredos da vida: conseguir controlar e transformar a própria dor.

Ao mesmo tempo, precisamos entender que existem alternativas para fugir dessas situações que se apresentam como limitadoras. Sempre gosto de relembrar a história do náufrago que, sozinho, foi parar em uma ilha, e, com muita dificuldade, recolheu folhas, cipós e pedaços de madeira para construir uma cabana que pudesse abrigá-lo nas noites frias.

Até que, uma semana depois do ocorrido, já com a cabana pronta, uma tempestade se abateu sobre a ilha, provocando raios e trovões. Fatidicamente, um dos raios caiu justamente sobre a cabana, que pegou fogo imediatamente.

Ele se ajoelhou, ficou em pânico, com raiva por ter perdido o lugar onde se abrigaria, e, diante daquela fumaça, ouviu o som de um navio se aproximando.

Enquanto vociferava palavras contra Deus, surgiu o resgate. As pessoas saíram do navio para resgatá-lo e o parabenizaram por sua inteligência.

"Mas como vocês me encontraram?", perguntou.

"Pelo sinal de fumaça", disseram, sorrindo.

Muitas vezes, períodos que parecem tempestades podem trazer soluções ocultas. É o que sempre digo, por exemplo, a quem se encontra em aflições financeiras. Elas podem representar uma derrocada em uma área da vida, mas se transformar em impulsos para novos negócios em outras áreas da vida.

Basta saber enfrentar a dor e entender o que o período tem a ensinar.

Se é para voarmos feito águias, voemos com o olhar das águias, que conseguem enxergar tudo a distância.

Deixe que as horas passem. O tempo pode mostrar as soluções. E, acima de tudo, ame. Com todas as suas forças. Porque o amor é a força mais curadora que existe.

Nosso presente

ANDERSON DA SILVA COSTA

Eu e minha esposa sempre fomos muito apegados à fé. Sempre tivemos a crença em Deus e a religiosidade muito aflorada. Somos uma família de evangélicos, do meu lado, e de católicos praticantes do lado de minha esposa.

Nós nos conhecemos algum tempo antes de conhecer a Igreja Anglicana.

Namoramos, ficamos noivos e planejamos nosso casamento – e aí entrou a questão: eu era evangélico, e ela, católica. Dessa forma, queríamos uma cerimônia mista – queríamos um padre e um pastor celebrando.

Para nossa surpresa, o padre e o pastor se recusaram a fazer a cerimônia mista.

Nesse momento, ouvi falar do Reverendo Aldo. "Ele costuma fazer cerimônias ecumênicas".

Fui procurar a Igreja Anglicana e conversar com ele, ao lado de minha noiva. O Aldo foi muito claro: "Ué, Deus não se recusaria a casar vocês dois. Por que eu recusaria?".

Ele topou fazer nosso casamento, mas ainda não tínhamos uma data. A agenda dele era complicada e acabamos nos casando com um outro ministro anglicano celebrando na Igreja.

Daquele momento em diante, fomos conhecendo melhor aquela Igreja que tinha nos amparado tão bem. Começamos a frequentá-la, a nos aprofundar, desenvolvemos uma relação de amizade com o Reverendo. E eu acredito que esse era o plano de Deus.

A história prossegue. Conforme o tempo foi passando, não conseguíamos engravidar. Esse era nosso maior medo. E nosso maior desejo. Queríamos construir uma família.

Eu aprendia cada vez mais. Entendia que existia um Deus que tudo pode, que o que é inalcançável para você não é inalcançável para Ele. Que para Ele não há limites.

Mas não basta crer de todo o coração; você precisa unir a fé com a ação, e deve agir.

Então, agimos. Continuamos tentando, tendo o acompanhamento profissional e médico, seguindo os protocolos, tomando as vitaminas, os medicamentos que eram passados, e não abandonamos os cuidados.

Ainda assim, a menstruação dela sempre descia. Mês a mês, mesmo com todas as tentativas. Nada acontecia. Em determinado momento, estabelecemos um prazo. Se não acontecesse naturalmente, tentaríamos inseminação artificial.

Muitas vezes, as coisas não acontecem porque não estão em consonância com o que Deus quer. Entendíamos isso.

Até que, no finalzinho de 2008, o Reverendo falou sobre a campanha do Natal das crianças. Poderíamos escolher uma criança para apadrinhar e presenteá-la da maneira que quiséssemos.

As fotos ficariam num varalzinho no lado de fora. Fomos até ali, escolhemos uma criança. O ideal é que houvesse uma empatia grande com o presenteado. Batemos o olho e nos identificamos com uma criança.

As crianças nos seriam apresentadas em uma cerimônia diferenciada e cheia de alegria. Aquilo era mais que um evento. Havia ali uma magia difícil de explicar.

No momento em que vi as crianças, senti algo diferente. Imediatamente comecei a orar, emocionado.

Eu chorava de uma forma tão intensa que minha esposa se assustou e achou que eu fosse passar mal. Mas era emoção pura e simples. Ver aquelas crianças me deixava emocionado. E eu pedia com todas as minhas forças que Deus me abençoasse com o direito de ser pai e com a possibilidade de isso acontecer.

Então, o milagre aconteceu.

Vinte e um dias depois daquilo, recebi a notícia de que ela estava grávida.

Tínhamos engravidado naturalmente.

Meu filho recebeu o mesmo nome do filho do Reverendo: Leonardo.

É o que digo para as pessoas: que se abram e peçam a Deus. Creiam e ajam. Tomem a atitude. Aquilo que for possível e estiver ao seu alcance, façam.

Existe algo que não é mais alcançável? É nesse momento que entra a mão de Deus. Creia, mas faça o que precisa ser feito. É a junção da fé e da ação que faz a mão de Deus se mover em nossa direção. É justamente por isso que a gente ora. Oração é *orar* mais *ação*.

* * *

As parábolas do tesouro escondido, da pérola e da rede

Também o Reino dos céus é semelhante a um tesouro escondido num campo que um homem achou e escondeu; e, pelo gozo dele, vai, vende tudo quanto tem e compra aquele campo.

Outrossim, o Reino dos Céus é semelhante ao homem negociante que busca boas pérolas e, encontrando uma pérola de grande valor, foi, vendeu tudo quanto tinha e comprou-a.

Igualmente, o Reino dos Céus é semelhante a uma rede lançada ao mar e que apanha toda qualidade de peixes. E, estando cheia, a puxam para a praia e, assentando-se, apanham para os cestos os bons; os ruins, porém, lançam fora. Assim será na consumação dos séculos: virão os anjos e separarão os maus dentre os justos. E lançá-los-ão na fornalha de fogo; ali, haverá pranto e ranger de dentes.

E disse-lhes Jesus: "Entendestes todas estas coisas?". Disseram-lhe eles: "Sim, Senhor". E ele disse-lhes: "Por isso, todo escriba instruído acerca do Reino dos Céus é semelhante a um pai de família que tira do seu tesouro coisas novas e velhas".

E aconteceu que Jesus, concluindo essas parábolas, se retirou dali. E, chegando à sua pátria, ensinava-os na sinagoga deles, de sorte que se maravilhavam e diziam: "Donde veio a este a sabedoria e estas maravilhas?". "Não é este o filho do carpinteiro?" "E não se chama sua mãe Maria, e seus irmãos, Tiago, e José, e Simão, e Judas?" "E não estão entre nós todas as suas irmãs?" "Donde lhe veio, pois, tudo isso?" Escandalizavam-se nele. Jesus, porém, lhes disse: "Não há profeta sem honra, a não ser na sua pátria e na sua casa". E não fez ali muitas maravilhas, por causa da incredulidade deles.

Mateus 13:44

Levante-se e lute

Enxergue os dias e a vida de forma positiva. Não se intimide com comentários ou opiniões de outras pessoas, especialmente aquelas que só criticam ou que fazem comentários irrefletidos. A sua voz é a mais importante, é aquela que você deve escutar.

Eu sei que nem sempre é fácil conviver com as desilusões e os medos típicos do ser humano. Mas é exatamente isso que devemos combater. É hora de olhar no espelho e gritar "eu sou capaz!".

Só você pode fazer isso. Ninguém mais tem a capacidade de lhe fornecer esse ânimo. Levante a cabeça – mesmo em instantes de dificuldade e provação. Lute até não aguentar mais e jamais desista.

Por vezes, a vida é um autêntico cenário de guerra onde a luta é a única hipótese de salvação! Nosso mundo é maravilhoso, cheio de cores lindas e de pessoas fantásticas. Acontece que também existem cores sombrias e pessoas cruéis. Quando a vida nos presenteia com desafios dolorosos e com horas de infelicidade, o único caminho é procurar forças em nós mesmos. Há batalhas que incluem você sem permissão, e aí a determinação, a esperança e a fé são as armas que você tem de utilizar para atravessar a turbulência.

Sua existência será pontuada por oportunidades para conseguir alcançar os seus sonhos. Nada é mais legítimo que lutar por tudo que você anseia. Seus desejos são como um doce que você tem de comprar para saborear, para apreciar devidamente, sem medo de ser feliz. Vá em frente! Não desista deste palco que é o mundo, porque é nele que vive tudo aquilo que você merece.

Chegou o momento de abandonar as amarguras e esquecer as coisas ruins que aconteceram. O passado serve para aprendermos a não repetir erros, mas nunca devemos permitir que ele condicione o nosso presente. Erga a cabeça, olhe para o futuro com esperança e acredite que existe sempre uma forma de fazer as coisas de um jeito diferente. Você pode e deve ser feliz, e a fé deixa isso perfeitamente ao seu alcance.

Deus é minha inspiração

GUILHERME MARTINS

Minha relação com a fé teve altos e baixos. Porém, sempre nos momentos de maior dor, naqueles em que eu precisava manter a minha esperança, o Espírito Santo me mandava uma luz tremenda. Então eu conseguia entender que precisava ter fé para superar aquele momento. Eu sempre digo que a fé, não importa a sua intensidade, consegue fazer com que superemos os medos, aflições, e possamos até "mover montanhas".

Conheci a Igreja Anglicana em 2014, quando a família do meu irmão ia muito às missas e uma de minhas sobrinhas participava do coral de crianças e adolescentes. Em uma das apresentações do coral, fui simplesmente tocado pelas palavras do Reverendo e me senti acolhido naquela Igreja. Nessa missa, falaram sobre o curso Alpha. Sem pensar duas vezes, fiz minha inscrição.

Na verdade, foram três os momentos marcantes de minha aproximação da Igreja. Em 2014, quando conheci a Igreja Anglicana; em 2016, após um término de relacionamento e o falecimento de um amigo, período em que me envolvi com as coisas mais obscuras que temos, e uma amiga da Anglicana me levou de volta à Igreja. E no momento que descreverei a seguir.

Era novembro de 2018. Descrevo esse momento com lágrimas nos olhos e uma fé tremenda em meu peito. Era outubro, eu estava em viagem de férias ao Jalapão, quando fui visitar a Pedra Furada para ver dali o pôr do sol. Um lugar fantástico, de uma paz divina...

Foi quando levei uma picada de abelha-africana, que me provocou uma alergia generalizada, causando também secreções.

Descobri que era alérgico à picada de abelha e fui fazer uma bateria de exames. Nesse momento, descobri que estava com HIV. O prognóstico era de seis a doze meses para conseguir controlar a doença, mas o feito foi alcançado em dois meses.

Meu maior medo era a rejeição e a discriminação por causa do HIV. No começo, muitas pessoas me discriminavam, outras deixaram de falar comigo, só por ter compartilhado um beijo, um abraço ou um aperto de mão, ou por ter compartilhado um sanduíche no horário do almoço.

Tinha medo de ficar sozinho, de ninguém mais me aceitar, mas minha namorada na época disse que estaria ao meu lado e não me discriminou. Ela teve seu teste de HIV negativo. No começo, a reação da minha família e de meus irmãos foi de tremenda dor e medo de que eu transmitisse aos meus pais, porque compartilhávamos pratos, toalhas e talheres... Porém, minha fé me deu forças para enfrentar a ignorância e fazer essas pessoas enxergarem o real sentido da doença, e verem que discriminação e o preconceito matam muito mais que HIV.

Tirei muitas lições desse episódio. A mais importante foi ter visto a importância de ter fé em Deus, confiar, acreditar e, o mais importante, sempre agradecer e saber que, nas mãos Dele, tudo posso. O fardo que carrego é aquele que Ele me deu, pois outro não aguentaria.

Outra lição importante: o uso de preservativo em uma relação é fundamental. Pensamos muito na possibilidade de gravidez, mas existem as doenças sexualmente transmissíveis (DST). Eu achava que, sendo uma pessoa saudável, forte, que mantém relações com parceiras com o mesmo entendimento, eu não contrairia doenças. Hoje me empenho em ajudar na conscientização sobre o uso de preservativos.

Em que pese tudo isso, aprendi também a levar uma vida mais leve, com mais fé e gratidão, pensando sempre que tudo vai dar certo no tempo Dele.

Minha relação com Deus é de amizade, como a de um filho que ama seu pai. Confio e entrego tudo a Ele. Hoje eu tenho a porta do meu coração aberta para Deus. Sei que tudo será feito em Seu tempo, e não me cobro mais se isso demorar. A fé que tenho em Deus hoje alimenta minha alma e expulsa de mim aquele medo que às vezes insiste em passar aqui perto.

Deus é minha inspiração, minha fé e o caminho do meu destino. A força de que precisamos vem de Deus. Ele faz milagres e nós só temos que abrir a porta do nosso coração e permitir que Ele entre. A alimentação diária da fé por meio de músicas, orações, da prática da gratidão, buscando sempre estar atento aos sinais de Deus, fez com que eu superasse as aprovações e aflições e deixasse Deus operar o milagre.

Nunca perca a sua fé, por menor que ela esteja. Lembre-se de Mateus 17:20: "Porque a fé que vocês têm é pequena. Eu asseguro que, se vocês tiverem fé do tamanho de um grão de mostarda, poderão dizer a este monte: 'Vá daqui para lá', e ele irá. Nada será impossível".

Só ele cura os de coração quebrantado
e cuida das suas feridas.
Salmo 147:3

A vida pede que sejamos abundantes

Estamos sempre ligados a uma Fonte Inesgotável, que é Deus. Essa energia é capaz de nos curar quando nos sintonizamos a essa fonte, em uma frequência de prosperidade, de abundância, com o Criador.

Quando nos sintonizamos com nossa verdadeira essência, coisas boas acontecem em nossa vida. Sentimos que vivemos a melhor fase de nossas vidas e que enfim fazemos o que viemos fazer.

Sempre digo que a prática espiritual nos traz suporte. A vida nos faz acordar o tempo todo, trazendo desafios para que possamos despertar.

Nosso caminho é o de encontro com Deus, a missão de levar Sua palavra, de trazer fé e esperança para as pessoas. Só que, muitas vezes, em vez de alimentar a energia da fé e da esperança, ficamos cheios de pensamentos ruins. Alimentamos dentro de nós o leão do medo em vez de alimentar o leão da fé.

E a vida parece nos chacoalhar para que acordemos e entendamos que estamos no caminho errado. É preciso parar, observar e ver onde estamos para então tomar o caminho certo. Para que revivamos nossa fé, para que nos voltemos a Ele.

Se estamos em nosso caminho, Deus nos ajuda a suportá-lo. Se estamos no caminho errado, levamos pancadas para que acordemos e entremos no caminho certo.

Observe qual é sua estrada e como você pode ajudar a iluminar a vida de mais pessoas. Se for possível, crie rotinas para que sua vida lhe traga oportunidades de ajudar aqueles que estão ao seu redor.

Não sejamos egoístas. Todos temos dons que podem ser colocados a serviço de Deus. E, à medida que colocamos nossos dons e talentos a serviço do próximo, a serviço do mundo, esse ato nos traz uma nova perspectiva de vida.

Doe-se

ROBERTO ZARIF

Sempre tive uma boa relação com a fé, mas só comecei a me aproximar da Igreja quando conheci o Reverendo Aldo. Ele era diferente, emotivo, falava, conversava, animava a cerimônia.

Eu vivia então um momento instável, com a fé combalida, e confesso que reencontrei minha melhor energia assim que cheguei à Catedral. Saía dali leve e feliz. Como se o estresse fosse embora imediatamente.

Eu sentia ali um conforto, as músicas agradáveis tocavam meu coração. Foi assim que comecei a me relacionar com o Aldo, e ele me acolheu. Foi prático, direto, sem rodeios.

Meu grande desafio na época eram os problemas que enfrentava em minha construtora. Não tinha o apoio de ninguém.

Sabendo que Deus ajuda quem ajuda o próximo, ele disse que precisava de ajuda na construção das creches. Foi quando pus algumas pessoas para ajudá-lo e comecei a sentir uma grande satisfação.

Percebi que, quando você se doa, quem recebe é você. Quando você doa, você é abençoado. E, quanto mais eu ajudava, mais me dava prazer participar das construções. Mais me sentia abençoado. Recebia e não tinha mais medo.

Às vezes, você não consegue chegar a Deus. Quando isso ocorre, não é porque Deus que não encontra você. É porque você não o procura.

Logo as coisas começaram a melhorar. Eu tocava todos os dias as músicas no carro e me enchia com Deus. Aquilo me nutria de discernimento para seguir em frente.

Sempre confiei que tudo ia dar certo, mas, depois de começar a entender como aquilo funcionava, pedi perdão pela minha falta de fé anterior.

Deus está dentro de você, não está às suas costas, não está ao lado. Talvez por isso você não consiga vê-lo.

Toda vez que tenho um problema ou uma decisão pela frente eu paro, minha alma se eleva e eu me reconecto, penso melhor, afasto as ansiedades, e com isso vem a melhora.

Deus está conosco o tempo todo.

Então ele lhe disse: "Filha, a sua fé a curou! Vá em paz e fique livre do seu sofrimento".

Marcos 5:34

Meu pai me salva

Nosso pai está sempre conosco. Nos momentos de medo e tempestade, ele segura nossas mãos para que não caiamos.

Todos devem conhecer aquela história do sujeito que achou que Jesus o havia abandonado e, quando percebeu, Ele o carregara durante todo o tempo.

Por vezes a fé, que deveria nos sustentar, acaba ficando de lado, e não entendemos por que as coisas estão indo mal. Paramos e ficamos estagnados na vida, com medo, paralisados.

Levante e ande. É no movimento que se faz o caminho.

Conforme você for andando, as coisas irão melhorando e sua vida será diferente, irá se tornar mais alegre e próspera. O que não se deve fazer é ficar parado (como eu sempre digo, "quem fica parado é poste").

Entenda que o amor de Deus por nós é como o amor de um pai por um filho. Deixe que Ele o ame. Não vire as costas a seu Pai.

Tenha fé, ajoelhe-se e entenda que suas orações podem ser conversas com o Pai que o ama. Diga sem medo aquilo de que precisa. E, se precisar de fé, diga isso a Ele.

Ele entenderá e colocará você no caminho certo.

Tudo posso naquele que me fortalece.

Um bebê esperado

CAMILA CRUZ

Frequento a Catedral Anglicana desde 2010. Meu sonho mais secreto era me casar com a bênção do Reverendo Aldo.

Conheci meu esposo em um aplicativo de relacionamentos. Logo que começamos a namorar, falei que frequentava uma Igreja moderna e o convidei para ir comigo. A partir daí, ele começou a me acompanhar.

Meu primeiro contato com a Anglicana foi em uma festa de Halloween, em 1997, quando eu tinha 14 anos. Uma amiga da escola me convidou e eu fui. Qual não foi a minha surpresa ao ver o Reverendo, com uma batina preta, fazendo várias piadas, e descobrir que aquele homem tão bacana e descolado era o "padre" daquela igreja. Poucas pessoas foram fantasiadas, e eu acabei ganhando uma Bíblia como prêmio pela melhor fantasia. Tenho essa Bíblia até hoje, e o Aldo pediu para que eu a levasse no dia da celebração do meu casamento.

Foi o que aconteceu. Eu e meu esposo nos casamos em setembro de 2018, e, para nossa alegria, foi o Reverendo que fez a celebração.

Quem casa quer família, e esse era nosso grande sonho: ter o nosso bebê.

No entanto, tive um cisto no ovário, precisei tirar uma trompa, estava acima do peso, e, quando passei nas primeiras consultas, as médicas disseram: "Pela sua idade, vamos dar seis meses para você engravidar".

Fiz exames tão invasivos que me deixaram emocionalmente sensível. E todo mês, com a esperança, vinha o medo.

Começou a pandemia de Covid-19. Só de pensar na palavra infertilidade, eu ficava abalada. Mas os resultados dos exames estavam bons, e tudo que eu precisava fazer era esperar. Porém, sem nenhuma garantia de que algo daria certo.

Quando comecei a perder as esperanças, o Aldo veio conversar conosco: "Meu casal, como vocês estão?".

Contei que não estava conseguindo engravidar e ele abriu um sorriso: "Você tem alguma dúvida de que vou batizar esse bebê?".

Eu falei que não tinha dúvida. Ele voltou, deu mais uma hóstia e disse: "Esta aqui é para o bebê que está chegando".

Eu fiquei emocionada com aquelas palavras. Voltamos para casa com o coração mais leve. A maneira como o Reverendo explica as passagens bíblicas deixa-as mais claras e próximas do nosso dia a dia. Ele sempre fala muito dos dissabores da vida, das nossas dores físicas e emocionais. Então, no meu caso, a missa me renova a cada final de semana, e me prepara para a semana que está se iniciando.

O resultado positivo veio um mês depois! A lição principal tirada desse episódio tão importante da nossa vida foi ter ganhado a certeza de que Deus está no controle de tudo. Fazemos nossos planos, mas somente Ele sabe o dia e a hora certa de todas as coisas. Temos que confiar e entregar nossa vida e nossos sonhos nas mãos Dele.

Minha fé está renovada. Conto essa história o tempo todo. Eu me encho de orgulho para dar meu testemunho e honrar a minha fé em Deus. O medo pode chegar, pode balançar o meu barco, mas minha fé se manterá firme. O meu Deus é o Deus do impossível. É Ele quem faz o milagre acontecer.

Hoje posso dizer que, independentemente da nossa aflição, da nossa dúvida, do nosso medo, da nossa angústia, Deus tem sempre o melhor para nós. O tempo Dele é o tempo certo. A hora Dele é a hora certa. Muitas vezes não aceitamos as coisas ou nossa fé fica abalada, mas não podemos perdê-la. Deus tem sempre o melhor para todos nós.

Por isso, não fiquem preocupados com o dia de amanhã, pois o dia de amanhã trará as suas próprias preocupações. Para cada dia bastam as suas próprias dificuldades.
Mateus 6:34

Orar cura a alma

Deus vê nossa alma cansada, cheia de problemas, e ficamos em silêncio esperando um abraço fraterno.

Ele nos levanta, nos acolhe, nos tira da tempestade e nos faz entender que precisamos crescer em nossa fé; que nosso fardo pode estar pesado, mas Ele nos ajuda a carregar.

Se hoje você está com algum problema, cure sua alma orando a Deus, pedindo que Ele faça aquilo que sua alma pede. Que o amor Dele toque você, e que sua alma possa evoluir.

Deus nos levanta, nos leva até as alturas, e é capaz de fazer com que cessem as tempestades em nossas vidas.

Em todos os momentos precisamos Dele e devemos nos apoiar Nele. Ele nos levanta quando caímos em buracos, Ele nos dá lume na escuridão que nos cega quando estamos apenas pensando na vida material, sem considerar o lado espiritual e sem perceber que podemos ser instrumentos divinos.

É hora de abrir nosso coração e deixar a chuva de lágrimas molhar nosso interior. E, a partir daí, restaurar nossa fé e caminhar com passos firmes.

Não tema, pois Deus está ao seu lado. Não tema, porque Ele será o guia, porque Ele sabe o caminho e está no comando. Acredite, Ele faz sempre o melhor por você.

Problemas, todos nós temos. Mas tenha certeza de que você vai saber enfrentar o seu. Eles surgem para que possamos aprender com eles. O que você quer pedir a Deus hoje? Qual será a sua oração? Como quer orar? O que quer dizer a Ele?

Diga com fé: "Meu anjo da guarda, de noite e de dia, não me desampare de sua companhia. Com Deus me deito, com Deus me levanto, com a Graça do Espírito Santo".

Deus ilumina a vida de quem está passando por uma dificuldade física, emocional ou espiritual.

Ore. Peça.

Quando sua alma estiver cansada, ore:

Pai Nosso que estais no céu, santificado seja o Vosso nome, venha a nós o Vosso Reino.
Que nas dificuldades da vida possamos dizer para Ti que exultaremos em Ti e nos alegraremos.
Que a estrada se abra a sua frente e Deus te guarde.

A vida sempre vence

CAROLINE PAULA LEÃO FERRARO

Há 21 anos, quando minha filha nasceu, ela teve infecção generalizada e o médico foi pessimista sobre a sua melhora.

Quando ela estava com 10 dias de vida, internada na UTI, nós fomos à igreja e o Reverendo Aldo falou conosco. Naquele dia, ele não podia fazer uma oração e pediu ao Bispo Glauco. Infelizmente para mim, a oração que ele fez não me confortou. Na verdade, me revoltou.

Mas, depois desse dia, Deus falou comigo. Pois eu não estava conseguindo falar com Ele. Eu tinha medo. E Deus me disse que era só eu pedir e Ele faria. Que eu era filha Dele tanto quanto a Rafa. E então eu me ajoelhei e me vi entregando minha filha nas mãos Dele. Pedi que me desse um sinal. Que o meu leite não secasse!

E a cada dia eu tinha mais leite.

Então, veio o milagre: ela saiu do hospital curada, sem sequela alguma! Mesmo com falta de oxigenação no cérebro ela não teve uma sequela. Deus me deu minha filha, e ela estava perfeita.

O primeiro lugar em que ela foi passear foi na Igreja.

Agradeceremos para sempre o milagre divino.

O Senhor o susterá
em seu leito de enfermidade,
e da doença o restaurará.
Salmo 41:3

Você pode perder a batalha, mas não a guerra

Acredite, não deixe que as batalhas derrubem você, não deixe as dificuldades o abaterem. A frase: "Tudo posso naquele que me fortalece" deve ecoar em sua mente.

Quando não puder ser a força que Deus pede, receba a força do Senhor e nada abaterá você.

O Senhor é Nosso Pastor e nada nos faltará.

Eu rezarei por sua família. Tenho certeza de que você também pode se ajoelhar, orar e pedir com todo o coração que Deus mostre o caminho certo a seguir.

Que Deus possa renovar a sua fé e que você creia no poder da oração. Que as orações sempre curem e levantem você. Creia no poder da oração.

Não esmoreça e nem deixe seu coração entristecer.

Que a graça de Deus seja o sustento e faça você caminhar cada vez com mais fé.

Converse com Deus

ANDREIA RIBEIRO

A maior parte de minha família era católica, mas também tenho familiares espíritas. A religião sempre esteve dentro de nossa casa. Meus ancestrais eram religiosos. Meu pai era um homem de muita fé e muito aberto, e conversava com a gente sobre tudo.

Eu tinha o contato com a fé, mas sempre achando tudo proibido, como se Deus fosse severo. Sempre tive a questão da religião como obrigação em minha vida. Frequentava, mas sentia que alguma coisa faltava.

Em determinada época da minha vida, comecei a ficar revoltada com a presença de Deus porque engravidei e veio uma criança com síndrome de Down. Era cardiopata e poderia morrer.

"Se Deus é Pai, por que ele tanto castiga?", eu me perguntava.

Até que fui fazer um curso de batismo da minha filha e fiquei revoltada. Havia uma moça grávida e o padre da Igreja disse que era errado ter relações antes de casar-se. Fiquei desconfortável com aquilo. Meu ex-marido disse que pararia de frequentar a Igreja.

Batizamos nossa filha, como tínhamos feito com o primeiro filho, e aquele curso me trouxe a percepção de que havia algo estranho.

Comecei a frequentar um centro espírita, mas aquilo não ia ao encontro do que eu acreditava. Tinha que aceitar o carma e sofrimento... Por que eu tinha que ter tudo aquilo?

Aquilo incomodava. Eu me perguntava se não podia ter Deus como amigo, se ele seria sempre o Deus que castigava.

Até que um dia meu marido foi conhecer a Igreja Anglicana e voltou maravilhado com o Aldo, dizendo que eu iria gostar.

Eu tinha dúvidas. Não conseguia entender mais nada. Sabia que existia fé, que existia algo superior, mas fui a contragosto, num domingo pela manhã.

Quando o Aldo começou a falar, entendi que era ali que eu ficaria. Era exatamente tudo que eu queria ouvir. Senti a presença de Deus nas suas frases "Tudo posso naquele que me fortalece". E senti que aquele Deus era o que eu queria ter por perto.

Passei a frequentar a Igreja. Então, em 2014, meu filho fez Primeira Comunhão e meu marido começou a se afastar da Igreja. Eu não entendia o que acontecia, e nosso relacionamento começou a ficar difícil.

Eu trabalhava o dia inteiro e ao chegar em casa ainda tinha serviços domésticos. Fui me aproximando mais e mais da Igreja. Certo dia, meu ex-marido me empurrou e me chutou. Não dava mais.

Ia à Igreja e chorava muito.

Um dia, na saída, o Aldo estava na porta da Igreja. Ele me olhou e seu olhar disse tudo.

Eu falei que estava difícil e ele disse para eu ter fé, que ia passar. E me abraçou.

Naquele abraço eu senti que ia conseguir. Que Deus era meu amigo. Que eu conseguiria me separar e me estruturar. Precisava sair daquela casa.

Saí, aluguei um apartamento e disse: "Deus, não deixe faltar comida para meus filhos. Eu vou caminhar sozinha a partir de agora".

Saí dali com uma mão na frente e outra atrás. Não tinha nem cama para dormir.

Eu e meus dois filhos ficamos acampados. Mas cheios de amor. Eu ia até o grupo e chorava. E Deus dizia: "Na hora certa vai dar tudo certo".

Todo final de missa eu abraçava o Aldo, que me trazia palavras de fé. Durante seis longos meses, foi muito difícil. Seis meses dormindo no chão com as crianças.

Então, quando meu maior medo era ter que voltar atrás, arranjei um emprego em Paraisópolis. Me senti tocada.

Hoje tenho uma comunidade que me acolhe. Não me sinto abandonada, me sinto acolhida, e aquele Deus que castigava hoje é meu amigo e me ouve.

Todos podemos muitas coisas. Somos capazes de tudo, porque Deus opera milagres em nós. Ele está dentro de nós. Eu posso, você pode. E o pão nunca faltou na mesa de meus filhos. Minha fé está cada vez maior.

Quando você tiver um sonho, corra atrás de sua felicidade, não desista de si mesmo. Existe um Deus que é maior que tudo. E, por mais que exista um momento de aflição, um momento ruim, tenha Deus dentro de você e sempre estará amparado.

O amor supera tudo.

Considerações finais

As lágrimas que descem pelo nosso rosto são aquelas que limpam nossa alma. É através dessas histórias de fiéis da Igreja Anglicana que também fortaleço a minha fé. São pessoas comuns, que entenderam que dentro delas havia algo maior – um combustível que poderia transformar o rumo de suas vidas e fazer com que pudessem voltar a sonhar, a viver em paz, ou curar suas dores físicas e emocionais.

Ao longo da sua vida, pode ser que você tenha perdido a fé em algum momento. Que tenha se esquecido de onde veio, de quem é, ou até mesmo que existe algo maior que você, que está guiando seus passos.

Saber que existe essa força maior que nos guia, que pode nos fortalecer quando nos sentimos sem força, que abre caminhos quando sentimos que estamos em becos escuros, é tudo de que preciso.

Todos os dias, encontro dezenas de pessoas que perderam a fé. Que estão cansadas de caminhar, mas que, após uma queda, percebem que podem se reerguer ainda mais fortes, porque a partir daquele momento elas conseguiram enxergar que seria difícil continuar caminhando sozinhas.

Reconhecer que existe um Deus, uma força maior que nos protege, nos guarda, nos guia nos momentos de dificuldades e nos ampara quando precisamos de colo nos faz perceber como somos pequenos diante de Sua Criação. E como é uma tolice tentarmos controlar tudo, e sempre nos frustramos, em vez de orar por soluções e acreditar que pode existir um caminho muito melhor se nos deixarmos ser guiados.

A fé que "move montanhas" pode estar aí dentro e você nem percebeu. Você pode reacender essa chama quando voltar a acreditar. Em você. Em Deus. Naquele que pode tudo. Ele fortalece você. Ele mostra caminhos. Ele socorre, acolhe.

Deus quer o melhor para você. Mas será que você está facilitando ou dificultando o trabalho Dele? Será que, no muro de lamentações da vida, você só consegue enxergar as dificuldades, ou também é capaz de ver as bênçãos que Ele coloca em seu caminho? Às vezes, tudo de que você precisa é ouvir seu coração, em silêncio, e tentar escutar o que aquela voz sussurra em seu interior.

Porque, quando estamos conectados com essa força, tudo faz sentido.

Vamos nos fortalecer. Encontremos pequenos e grandes milagres cotidianos e espalhemos amor e compaixão ao nosso redor, inspirando pessoas a encontrar seus caminhos, a acender suas chamas internas, a acreditar que podem fortalecer a fé a qualquer momento da vida.

Acredite. Você não está sozinho. Só o fato de entender isso já faz toda a diferença.

Ele sempre quer o seu bem.